Le végétarisme
à temps partiel

www.quebecloisirs.com

UNE ÉDITION DU CLUB QUÉBEC LOISIRS INC.
© Avec l'autorisation des Éditions de l'Homme
© 2001, Les Éditions de l'Homme
Dépôt légal — Bibliothèque nationale du Québec, 2002
ISBN 2-89430-519-2
(publié précédemment sous ISBN 2-7619-1658-1)

Imprimé au Canada

Louise Desaulniers et
Louise Lambert-Lagacé,
diététistes

Le végétarisme
à temps partiel

Remerciements

Ce livre est un enfant choyé ! Il a eu un père attentif, Jacques Laurin, alors éditeur aux Éditions de l'Homme, qui l'a conçu et surveillé de près pendant plusieurs années. Il a eu deux mères, les deux Louise, qui l'ont enfanté dans la complicité et materné un peu plus longtemps que prévu ! Par la suite, plusieurs marraines l'ont aidé à progresser.

Josée Thibodeau, diététiste et collaboratrice de longue date, a revu le plan initial et relu le manuscrit avec la perspicacité qu'on lui connaît.

Manon Lalonde, technicienne en diététique, a fait l'inventaire des aliments végétariens offerts sur le marché avec rigueur et enthousiasme.

Marie Claire Garneau, diététiste et associée à la clinique pendant quelques années, s'est amusée dans la cuisine et a développé plusieurs des recettes de ce livre. Que de belles saveurs nous lui devons !

Ivanina Popova, nouvelle graduée du département de nutrition de l'Université de Montréal, a poursuivi la cueillette de données sur des aliments nouveaux et réalisé de nombreux tableaux.

Puis le manuscrit a été passé au crible. Nos lectrices Janine Desrosiers Choquette, Micheline Lamarche, Michelle Laflamme, Pascale Lagacé, Sandrine Desaulniers et Maryse Pallascio-Bigras ont fait un excellent travail. Leurs commentaires et leurs critiques nous ont permis d'améliorer cet ouvrage.

Enfin, Odette Lord, la marraine de la dernière heure, a tout mis en œuvre pour rassembler les différentes pièces du dossier. Sa révision patiente et minutieuse a été exceptionnelle, une fois de plus.

Cette belle famille de collaborateurs nous a presque rendu la tâche facile ! Nous remercions chaleureusement toutes ces personnes car, sans elles, le livre ne serait pas devenu ce qu'il est.

Note : À certains moments, les auteurs ont fait référence à leur pratique clinique. Pour ne pas alourdir l'ouvrage, elles ont utilisé des abréviations. Alors, quand on voit LLL, il s'agit de Louise Lambert-Lagacé et quand on voit LD, il est question de Louise Desaulniers.

CHAPITRE 1

Le végétarisme
à temps partiel,
qu'est-ce que ça veut
dire exactement?

Nous aurions pu baptiser ce livre *Comment mieux manger en consommant moins de viande*, mais plutôt que de se limiter à expliquer comment soustraire la viande, nous voulions améliorer le menu en y ajoutant des aliments intéressants. Le végétarisme à temps partiel correspond à cette alimentation améliorée. Il décrit un menu plus riche en aliments d'origine végétale, en légumineuses, ainsi qu'en fruits et légumes; et cette approche ressemble étrangement à la diète méditerranéenne traditionnelle très riche en végétaux et faible en viande. Mais ne vous inquiétez pas, il ne s'agit pas d'une nouvelle théorie alimentaire.

Le temps partiel suggère une très grande flexibilité que n'offre pas l'alimentation végétarienne traditionnelle. Il permet de déterminer combien de repas sans viande vous voulez intégrer à votre routine.

On peut donc choisir de manger végétarien:

- quelques fois par mois, pour se familiariser avec des plats à base de légumineuses ou de tofu, et parfumés d'épices;
- deux à trois fois par semaine, quand on a le goût de cuisiner de nouveaux petits plats;
- chaque soir de la semaine, car ce type de menu sans viande convient bien au repas du soir;
- plusieurs jours de suite, tout en se régalant d'un bon poisson ou d'une viande grillée quand l'occasion se présente.

■

En plus de vous permettre de faire de belles découvertes, le végétarisme à temps partiel augmente votre répertoire de recettes, ajoute de nouveaux plaisirs à votre assiette et peut améliorer votre santé.

■

La raison d'être de ce livre

Le végétarisme a longtemps été perçu comme une démarche stricte, philosophique, religieuse, politique, parfois granola, et même suspecte sur le plan médical. Ce n'est plus le cas, et bravo! Il attire aujourd'hui les jeunes et les moins jeunes. Près du tiers des adolescents le considèrent comme une alimentation branchée. Plus de 30 millions de Nord-Américains ont déjà essayé cette façon de manger, alors que les baby-boomers consomment de moins en moins de viande. La raison en est fort simple. C'est une question de santé et l'occasion de découvrir toute une gamme de nouvelles saveurs.

Question de santé, nous sommes préoccupées par diverses maladies des animaux comme la vache folle et la fièvre aphteuse, mais c'est le dossier des végétaux qui nous a vraiment conquises, puisqu'il réunit à lui seul plus de bonnes nouvelles que jamais. Il ne se passe guère une semaine sans qu'une recherche fasse état des bénéfices de certains aliments : les tomates pour la prévention du cancer de la prostate, le soya pour la prévention des maladies cardiovasculaires, les bleuets comme antioxydants exceptionnels, les graines de lin comme source intéressante de bons gras ou les noix de Grenoble pour abaisser le taux de cholestérol. Cette valorisation des différents végétaux sur la place publique a fait sortir le végétarisme de sa marginalité et l'a rendu plus attrayant que jamais. Il est maintenant prescrit à certains patients pour traiter des problèmes cardiovasculaires. De nombreux consommateurs misent sur les végétaux pour recouvrer la santé à court et à long terme. Et le lien entre le végétarisme et la santé est plus solidement établi que jamais.

Question de saveurs, la possibilité de se procurer presque toute l'année de beaux fruits et légumes frais, la redécouverte des grains entiers et du soya sous diverses formes, la multiplication de céréales intéressantes et de pains artisanaux, la présence de nouveaux produits savoureux sans viande, cuisinés ou congelés, tout cela multiplie les plaisirs alimentaires à notre portée. S'ajoute à cela le fait que de nombreux restaurants ethniques nous ont fait goûter à l'hoummos, aux fajitas, au couscous ou au dahl, ce qui a contribué à augmenter notre répertoire de saveurs végétariennes.

De grands chefs comme Georges Blanc en Bourgogne et Normand Laprise à Montréal n'ignorent plus cet aspect de la cuisine et offrent de jolis plats végétariens à leur carte. L'un des plus célèbres chef français, Alain Passard, trois-étoiles au *Guide rouge* depuis 1996, ne propose plus de viande à la carte de son restaurant Arpège situé dans le 7e arrondissement de Paris. « C'est avant tout un choix d'homme, car je ne trouve plus d'inspiration dans un bout de viande, alors que le légume est tellement plus coloré, plus parfumé », déclarait-il en décembre 2000 au quotidien *Libération*.

Dans ce même élan, les livres de recettes végétariennes se sont multipliés, mais rares sont ceux qui expliquent comment remplacer convenablement la viande. Comme il s'agit d'une alimentation moins connue, le végétarisme entraîne une multitude de questions et, dans la foulée, plusieurs erreurs d'application.

Pour répondre à certaines questions, Louise Desaulniers donne depuis 1990 une série de cours de *Fine cuisine santé* mettant en vedette légumineuses, tofu, grains entiers et belles verdures, cours qui attirent chaque année des hommes et des femmes de tous les âges qui veulent intégrer des repas végétariens à leur routine alimentaire, mais qui ne savent pas comment.

Notre travail en clinique nous a également fait voir plusieurs personnes qui ne réussissent pas à bien remplacer la viande :

- des parents inquiets parce que leur jeune enfant refuse d'avaler le moindre morceau de viande ;
- des adolescents qui souhaitent devenir végétariens, mais qui n'ont aucune idée de la façon de s'y prendre pour trouver dans les végétaux tout ce dont ils ont besoin ;
- des adultes, hommes et femmes, qui font des *tentatives végétariennes* et qui se retrouvent non seulement fatigués, mais qui ont des rages de sucre ;

- de nouveaux végétariens qui manquent rapidement de protéines et de fer ;
- des personnes qui souffrent d'un surplus de cholestérol, qui veulent délaisser la viande, mais qui ne font qu'entretenir leur problème en mangeant du fromage tous les jours ;
- des personnes qui ont entendu parler du jumelage des protéines mis de l'avant par Frances Moore Lappé dans les années 70, mais qui n'y comprennent pas grand-chose.

Malgré les efforts de plusieurs spécialistes, nous constatons qu'il y a encore un manque flagrant d'informations pratico-pratiques sur le sujet. C'est pourquoi nous avons pensé écrire ce livre.

Nous voulons partager nos connaissances pour que chacun puisse trouver la bonne dose de protéines à chaque repas et mieux manger à l'intérieur d'une routine quasi végétarienne. Nous traitons de nutrition, mais nous passons rapidement aux appétissantes recettes faciles à préparer. De vraies trouvailles, vous verrez ! Vous ne jetterez plus le bloc de tofu à la poubelle, faute d'idées pour l'apprêter.

■

Ce livre ajoute des aliments gagnants à votre menu et permet d'oublier la viande, sans souci. À vous de savourer les bonnes idées.

■

Les différents végétarismes et la santé

Toutes les recherches scientifiques le confirment, une alimentation **végétarienne** rapporte des dividendes santé, mais il existe certaines conditions pour en retirer les dividendes escomptés. Si le choix des aliments fait défaut et si les aliments sont mal distribués dans la journée, vous ne gagnez rien en étant végétarien. Si vous mangez n'importe quoi, n'importe quand, à l'intérieur d'une alimentation non végétarienne, vous n'êtes pas plus avancé…

La base commune de tous les végétarismes est une consommation abondante de végétaux et c'est ce qui en demeure le point fort. Les différents végétarismes se distinguent selon les aliments qui s'ajoutent à cette base commune, et leur valeur nutritive dépend de l'ensemble des aliments choisis sur une base régulière. Si certains aliments sont totalement absents, la valeur nutritive est amoindrie ; certaines déficiences peuvent apparaître et miner la santé. Si, au contraire, le menu renferme une belle variété d'aliments, les risques sont nuls ou presque. La même remarque s'applique à une alimentation non végétarienne.

Les quelques définitions qui suivent délimitent les forces et les faiblesses de chacun des végétarismes.

Le végétarisme strict

Les **végétariens stricts** mangent exclusivement des végétaux (produits céréaliers, légumineuses, noix, graines, fruits et légumes) ; ils n'ajoutent rien à cette base commune du végétarisme et ne consomment aucun produit ni dérivé d'origine animale ; ni lait, ni yogourt, ni beurre, ni miel, ni bouillon de poulet, ni gélatine. On les appelle aussi des **végétaliens.**

Ce genre d'alimentation contient peu de gras saturés, puisque ce type de gras se retrouve surtout dans la viande et le fromage ; il ne renferme aucune trace de cholestérol, puisque celui-ci n'est présent que dans des aliments d'origine animale. Il renferme beaucoup de fibres alimentaires — ce qui est excellent pour le fonctionnement normal des intestins — et beaucoup de vitamines et d'antioxydants qui sont fournis par une consommation importante de fruits, de légumes et de grains entiers.

À la fin des années 80, le Dr Dean Ornish de Californie s'est inspiré de ce type de végétarisme pour traiter de grands cardiaques. Il a légèrement modifié le menu, y ajoutant du blanc d'œuf et de la poudre de lait écrémé. Il a pu démontrer que ce genre d'alimentation favorisait la régression des plaques à l'intérieur des artères gravement bloquées — ces patients faisaient également de l'exercice et de la méditation.

Cela dit, le végétarisme strict limite la variété d'aliments permis et, selon un bon vieux dicton en nutrition, moins il y a d'aliments différents au menu, plus il y a de risques de déficiences nutritionnelles. Ce dicton demeure valable, même si l'enrichissement en calcium, en vitamine D et en vitamine B12 de plusieurs produits de soya et autres boissons à base de céréales permet d'éviter les déficiences causées autrefois par l'absence totale de produits laitiers. Ce type de végétarisme exige des connaissances en nutrition et peut nécessiter la prise de suppléments appropriés, selon les circonstances.

Le lacto-végétarisme

Les **lacto-végétariens** consomment beaucoup de végétaux, mais conservent à leur menu toute la gamme des produits laitiers comme le lait, le fromage et le yogourt. Dans la petite ville sacrée de Pushkar en Inde que nous avons toutes les deux visitée en novembre 2000, nous ne mangions que des repas lacto-végétariens. C'était la règle religieuse respectée par tous les hôteliers de la région. Nous avons savouré d'heureuses combinaisons de légumes, de légumineuses et de riz, du yogourt, du fromage frais, différents types de pains et de bons fruits frais. Nous avons apprécié ces plats toujours bien relevés d'épices et avons mangé à notre faim entre deux visites à la foire des chameaux !

Un menu lacto-végétarien renferme évidemment un plus grand nombre d'aliments qu'un menu végétarien strict, mais attention, il demeure intéressant pour la santé seulement si les choix alimentaires le sont. Si, par exemple, on remplace un steak grillé par une poutine et une boule de crème glacée, on coupe la viande et on respecte les règles du lacto-végétarisme, mais on n'est pas gagnant ! On fait le plein de calcium et de vitamine B12, mais on n'aide pas les artères en ingurgitant une dose aussi massive de gras saturé et hydrogéné…

Le lacto-ovo-végétarisme

Les **lacto-ovo-végétariens** consomment régulièrement des œufs, en plus des produits laitiers, et toute la gamme des aliments d'origine végétale. Les hindouistes, les trappistes, les bénédictins et les adventistes du septième jour sont en grande majorité des lacto-ovo-végétariens, ce qui signifie que ce type de végétarisme est pratiqué par au-delà de 90 % de tous les végétariens du monde. Cette alimentation ne présente pas de risques nutritionnels particuliers lorsque le choix d'aliments est judicieux, bien entendu. Elle coïncide souvent avec une incidence moins élevée de problèmes cardiovasculaires, tout comme les autres types de végétarisme. Disons que les personnes bien initiées au végétarisme ont habituellement de meilleures habitudes de vie que la population en général.

De notre côté, nous voyons régulièrement en clinique de nouveaux lacto-ovo-végétariens qui ne savent cuisiner ni les légumineuses ni le tofu ; ils remplacent systématiquement la viande par du fromage ; ce faisant, ils ne font aucune économie de gras animal et n'améliorent pas leur taux de cholestérol ; après quelque temps, ils peuvent même développer une carence en fer, élément nutritif essentiel, mais peu présent dans le fromage et autres produits laitiers.

Une lacto-ovo-végétarienne de longue date qui avait des problèmes de poids et de cholestérol est venue consulter à la clinique. L'évaluation de son menu a révélé une consommation importante de fromage, de gâteaux et de muffins maison, mais une faible consommation de végétaux comme les légumes, les légumineuses et le soya. Les choix alimentaires de cette femme entretenaient ses problèmes de poids et de cholestérol. Dans ce cas-là, c'est l'application du végétarisme qui faisait défaut.

De nouvelles formes de végétarisme

De plus en plus de personnes délaissent la viande rouge et les charcuteries, mais conservent la volaille et les poissons à leur menu. Ce ne sont pas de vrais végétariens dans le sens strict du terme, mais on les appelle souvent des **semi-végétariens.** Ces personnes ne mangent pas nécessairement beaucoup de légumes, de fruits et de produits céréaliers, mais elles consomment des produits laitiers, des œufs, de la volaille ou du poisson sur une base régulière. S'il y a un avantage pour la santé, il provient de la consommation abondante de végétaux et de poisson, mais ne dépend pas du simple remplacement du bœuf par le poulet.

Finalement, vous êtes peut-être parmi ces personnes qui n'entrent dans aucune catégorie et qui n'adhèrent à aucune théorie, mais qui souhaitent varier leur menu, ajouter des végétaux, alléger certains repas, encourager les poissons et les fruits de mer, ou encore remplacer la viande à certains moments par des légumineuses ou du tofu. Alors, laissez-nous le plaisir de vous dire que vous êtes ce que nous avons baptisé des **végétariens à temps partiel.**

Ces nouvelles formes de végétarisme ne sont régies par aucune loi, si ce n'est le goût d'être en santé et de découvrir des aliments nouveaux et nutritifs. Une fois de plus, le choix et la répartition des aliments au repas et dans la journée demeurent la pierre angulaire d'un menu gagnant.

La diète méditerranéenne traditionnelle

Ce type d'alimentation que l'on trouvait dans les années 50 chez les populations vivant autour de la Méditerranée attire aujourd'hui les regards et les éloges des nutritionnistes du monde entier.

Cette alimentation conçue autour d'aliments frais, cuisinés et arrosés d'huile d'olive, est beaucoup plus riche en fruits, légumes, grains entiers, noix et légumineuses que le menu ordinaire du Nord-Américain ; elle renferme du yogourt et des fromages, du poisson, mais également beaucoup moins de viande et de sucreries qu'ici. En termes techniques, cette alimentation favorise la santé et augmente l'espérance de vie parce qu'elle

18

renferme plus d'acides gras oméga-3, ainsi que plus d'antioxydants et de vitamines du complexe B — substances protectrices du cœur et des artères. Elle est associée à une incidence moins élevée de risques cardio-vasculaires, alors que nos menus nord-américains plus riches en mauvais gras ont l'effet contraire.

La célèbre Lyon Diet Heart Study a utilisé le modèle alimentaire méditerranéen auprès de cardiaques ayant déjà fait un infarctus et a clairement démontré qu'il était possible de réduire de 70 % les risques de récidives d'infarctus — crise cardiaque — et de décès grâce à une alimentation plus riche en produits céréaliers, graines, fruits, légumes verts feuillus et poisson. Aucune étude ayant utilisé un médicament n'a pu atteindre des résultats aussi remarquables.

■

Peu importe le type de végétarisme qui vous intéresse, vous y gagnerez toujours en augmentant votre consommation de légumes, de fruits, de légumineuses, de soya, de produits céréaliers à grains entiers, de noix et de graines. Ne l'oubliez jamais.

■

Une approche qui convient à tous

Quel que soit votre âge, que vous ayez des jeunes enfants ou des adolescents, que vous soyez enceinte ou que vous allaitiez, que vous ayez dépassé la soixantaine ou que vous ne soyez qu'à l'aube de la trentaine, un menu quasi végétarien bien équilibré vous nourrit adéquatement. Il peut même vous aider à prévenir ou à traiter des problèmes cardio-vasculaires, de diabète ou d'hypertension ou encore à réduire les risques de cancer (voir Chapitre 8, p. 193).

On ne s'improvise pas végétarien en quelques heures, soit, mais le risque d'erreurs est faible lorsque certains besoins nutritifs sont respectés.

Un jeune enfant peut grandir et se développer normalement même sans viande s'il absorbe suffisamment de calories et de protéines. S'il est végétarien strict, il est important de surveiller son apport en vitamine B12 et en vitamine D et d'avoir recours à des suppléments, si nécessaire. Si l'enfant est végétarien à temps partiel et s'il mange un peu de tout, il n'y a pas lieu de s'inquiéter.

À l'adolescence, le végétarisme coïncide parfois avec des troubles de boulimie ou d'anorexie. Ce n'est pas la cause du problème, mais cela devient prétexte pour limiter la consommation d'aliments. Dans ces cas-là et surtout lorsque le végétarisme adopté est strict, une consultation en nutrition peut s'avérer utile. Dans les autres cas, une alimentation quasi végétarienne est compatible avec une belle croissance, mais il y a lieu d'encourager la consommation d'aliments riches en fer (voir Tableau 3, p. 36) et en calcium.

Une alimentation végétarienne peut également répondre aux besoins nutritionnels d'une femme enceinte ou qui allaite. Il est prouvé que des mamans végétariennes bien nourries peuvent donner naissance à des bébés de poids aussi normal que ceux de mères non végétariennes. Dans le cas de mamans végétariennes **strictes**, des suppléments de vitamine B12 et de vitamine D deviennent nécessaires pendant la grossesse et l'allaitement.

Même les besoins nutritionnels d'un athlète de compétition peuvent être comblés dans le cadre d'une alimentation végétarienne, à condition qu'il y trouve suffisamment d'aliments riches en protéines d'origine végétale et animale, ce qui est favorisé dans un végétarisme à temps partiel.

Une alimentation plus riche en végétaux, mais qui n'exclut pas les aliments d'origine animale, a de quoi combler les besoins nutritionnels de tout le monde, surtout lorsqu'une telle alimentation met en vedette les meilleurs aliments comme :

- les plus beaux légumes verts feuillus, la famille des pois verts et celle des choux, les carottes et les courges d'hiver ;
- les plus beaux fruits en saison, des agrumes aux petits fruits en passant par les melons, les mangues et le kiwi ;

- la famille des grains entiers, du riz brun au quinoa, en passant par le millet, l'amarante et l'orge mondé ;
- la gamme de produits céréaliers à grains entiers, que ce soit les pains de divers grains, les pâtes de blé entier, de sarrasin ou de riz brun ;
- la famille des légumineuses, des lentilles aux pois chiches ;
- les produits de soya incluant les boissons, le tofu et les fèves rôties ;
- la gamme des noix et graines, de la noix de Grenoble à la graine de lin, en passant par des beurres de noix naturels ;
- les produits laitiers comme le lait, le yogourt, le kéfir, les fromages frais et les fromages fins ;
- les œufs et les volailles de grain quand c'est possible, les viandes fraîches et les abats ;
- les poissons de mer ou de pisciculture, les fruits de mer et les mollusques ;
- une dose modérée de **bons gras** comme l'huile d'olive, de canola, de sésame et de noisette ;
- des assaisonnements variés comme les fines herbes et les épices.

Il est difficile de rater l'objectif d'une alimentation saine lorsque tous ces aliments font partie du menu. Et si, de plus, vous avez accès à des aliments frais, à des produits céréaliers non raffinés et à des produits bio, vous ajoutez des valeurs sûres à votre menu.

■

Une alimentation quasi végétarienne fait du bien, quel que soit votre âge.

■

CHAPITRE 2

Les grandes règles d'équilibre

L'atteinte de l'équilibre demeure toujours un défi, mais quelques règles suffisent pour limiter les sensations de faim, les fringales, les rages de sucre, la fatigue et pour protéger contre l'anémie. Ces règles s'appliquent aussi bien à une alimentation végétarienne que non végétarienne et vous offrent une excellente occasion de réajuster vos menus en reconsidérant deux éléments nutritifs importants qui peuvent faire défaut : les protéines et le fer.

Règle n° 1 : consommer la bonne dose de protéines

Vivre sans viande n'entraîne aucune catastrophe, mais vivre sans protéines est carrément impossible. Il n'est toutefois pas nécessaire d'adopter un régime aux protéines pour avoir la dose appropriée fixée par les experts.

Une jeune fille de 11 ans qui commençait à suivre un régime végétarien est venue consulter LD avec sa maman. La jeune fille avait éliminé toute trace de viande, mangeait peu de poisson, ne raffolait pas des légumineuses et encore moins du tofu ; elle était toujours fatiguée, incapable de fonctionner normalement et pâle comme un drap. Son menu manquait de protéines de façon flagrante. La maman supportait la démarche de sa fille et était prête à cuisiner de nouveaux plats. À la suite de la rencontre, pour retrouver son énergie, la jeune fille a accepté d'essayer des repas à base de tofu et de manger plus souvent du poisson en attendant d'être plus familière avec d'autres bonnes sources de protéines. Et elle a drôlement senti la différence.

La dose appropriée de protéines varie selon l'âge, la taille, le poids santé, l'état de santé ainsi que l'activité physique d'une personne. Si vous êtes petit et sédentaire, vos besoins sont moindres que si vous êtes grand et sportif. Si vous êtes enceinte ou que vous allaitez, vos besoins sont plus élevés qu'en temps normal, c'est évident. Si vous vous remettez d'une chirurgie ou d'un cancer, vos besoins sont plus élevés afin d'assurer la réparation et la reconstruction de nouveaux tissus. Si vous avez 70 ans, vos besoins sont encore plus grands qu'à 30 ans.

Sans faire de calculs compliqués, vos besoins se situent à **un peu moins d'un gramme de protéines par kilogramme de votre poids santé.**

Pour connaître votre poids en kilos, divisez votre poids en livres par 2,2. Par exemple, si vous pesez **125 livres**, vous divisez 125 par 2,2 et vous obtenez votre poids en kilos, soit 57 kg. À ce poids, si votre activité physique est limitée, la dose appropriée de protéines est d'environ **50 grammes par jour.**

1. Vos besoins en protéines varient selon votre situation

Ils augmentent légèrement :
avant ou après une **chirurgie** ;
lors d'un traitement pour un **cancer** ;
pendant la **grossesse** ;
après 60 ans.

Ils augmentent de 50 % :
lors d'un **entraînement sportif intensif.**

La dose appropriée ne correspond pas à une quantité maximale. Si vous arrondissez la quantité, vous ne subissez aucun tort, mais si vous n'atteignez jamais cet objectif, vous courez le risque d'avoir des pannes d'énergie et autres malaises associés à un manque de protéines.

Une femme qui avait amorcé un virage alimentaire important — elle avait plus ou moins délaissé la viande — a consulté LLL. Après trois mois de cette nouvelle alimentation, elle se sentait de plus en plus fatiguée. Sa dose de protéines ne dépassait pas 30 grammes par jour, ce qui équivalait à la moitié de ses besoins. Des analyses sanguines ont révélé un manque flagrant de protéines. Lorsqu'elle a fait les ajustements nécessaires, elle a lentement retrouvé son énergie.

Mais attention, **50 grammes de protéines ne correspondent pas à 50 grammes de viande.** Les grammes de protéines sont invisibles et ne se pèsent pas chez le boucher ou le poissonnier. Vous en trouvez au moins 20 grammes dans une poitrine de poulet ou un filet de poisson ou encore 5 grammes dans un œuf, mais moins de 3 grammes dans une tranche de la plupart des pains de blé entier. Consultez le tableau qui suit pour connaître le contenu en protéines de différents aliments.

2. Les bonnes sources de protéines

Légumineuses et autres sources végétales
portion cuite de 250 ml (1 tasse), sauf indication contraire
valeurs données en grammes de protéines

Fèves soya	30
Haricots blancs	21
Lentilles	19
Pois cassés	17
Haricots rouges	17
Haricots noirs	16
Haricots de Lima	16
Pois chiches	15
Haricots mungo	15
Tofu *régulier*, 100 g (3 1/2 oz)	15
Tofu *soyeux*, 170 g (6 oz)	13
Fèves soya rôties, 30 g (1 oz)	11
Boisson de soya, 300 ml (1 1/4 tasse)	8
Beurre d'arachide ou de noix, 15 ml (1 c. à soupe)	5
Amandes ou noix de Grenoble, 45 ml (3 c. à soupe)	5
Hoummos, 45 ml (3 c. à soupe)	5

Protéines de source animale
portion cuite de 60 g (2 oz), sauf indication contraire

Poitrine de poulet sans peau	18
Épaule de porc	17
Saumon rose	16
Bœuf haché maigre	16
Fromage cottage ou ricotta, 125 ml (1/2 tasse)	15
Yogourt, 250 ml (1 tasse)	14
Fromage à pâte ferme de type cheddar, 45 g (1 1/2 oz)	11
Lait à 3,5 %, 2 %, 1 % ou écrémé, 250 ml (1 tasse)	9

Les légumes fournissent peu de protéines et ne peuvent contribuer à la dose minimum requise pour un repas. De fait, une grosse portion de légumes, soit 250 ml (1 tasse) ne renferment que de 2 à 5 grammes de protéines, comparativement au minimum requis de 15 grammes par repas.

C'est la raison pour laquelle nous n'avons pas calculé l'apport des légumes dans les menus modèles.

Les fruits, de leur côté, n'en renferment pas du tout.

Les produits céréaliers comme le pain, les pâtes, le riz et le quinoa renferment un peu de protéiness, mais cette quantité n'est pas assez importante pour contribuer à la dose minimum requise par jour et par repas. Par exemple, une tranche de pain de blé entier fournit de 2 à 3 grammes de protéines, comparativement aux 15 grammes contenus dans 250 ml (1 tasse) de légumineuses.

Des protéines suffisantes à chaque repas…

Un repas sans viande ne pose aucun problème, mais un repas sans protéines entraîne une foule d'inconforts. La quasi-absence de protéines le matin cause des baisses d'énergie en matinée; le repas du midi trop léger ou trop riche en féculents provoque des rages de sucre vers 16 h et une faim d'ogre au repas du soir sans oublier une envie incontrôlable de grignoter en soirée. C'est une catastrophe fort répandue. Or, le corps a besoin de protéines à intervalles réguliers pour maintenir un bon niveau d'énergie, pour stabiliser la glycémie ou le sucre dans le sang et pour ne pas finir la journée affamé et épuisé. Les meilleurs moments pour faire le plein de protéines coïncident toujours avec les repas du matin et du midi, ce qui ne correspond pas aux habitudes alimentaires de la majorité.

Nous voyons à la clinique tellement de problèmes associés à une mauvaise distribution des protéines que nous accordons à cette question une place capitale dans la planification d'un menu.

Les menus problèmes…

Basons-nous sur une dose de 50 grammes de protéines par jour et regardons les menus qui pèchent par manque de protéines le matin et le midi et qui pèchent par excès au repas du soir. Le déséquilibre est flagrant et fréquent. Notez que les aliments contenant des protéines sont en caractères gras. Pour plus de détails, voir Tableau 2, page 28.

MATIN pain, confitures et café (0 g de protéines)

MIDI soupe aux légumes, pain pita et petit **yogourt** (5 g de protéines)

SOIR **poisson grillé,** légumes, pain et **fromage, crème caramel** (45 g de protéines)

MATIN muffin et café (2 ou 3 g de protéines)

MIDI **tourtière de millet**, pomme (6 g de protéines)

SOIR **demi-poulet grillé**, riz, salade César, **yogourt** (40 g de protéines)

MATIN céréales et **lait**, café (8 g de protéines)

MIDI sandwich aux tomates, pomme (0 g de protéines)

SOIR **steak** de 170 g (6 oz), légumes variés, **crème-dessert au riz** (40 g de protéines)

MATIN   3 ou 4 fruits frais (0 g de protéines)

MIDI   germes de luzerne, un **œuf cuit dur**, tomate et craque-
        lins (5 g de protéines)

SOIR   riz aux **crevettes** et légumes variés, **yogourt** (20 g de
        protéines)

MATIN   bagel et fromage à la crème, café au **lait** (5 g de pro-
        téines)

MIDI   salade verte, crudités, **végé-pâté** et pain multigrains
        (5 g de protéines)

SOIR   couscous aux légumes, **seitan** mariné, fruit frais
        (7 g de protéines)

Le **seitan** est préparé avec des protéines de blé extraites de la farine de blé dur. La pâte de gluten ainsi obtenue est ensuite cuite dans un bouillon assaisonné de sauce soya et d'algues. Contrairement à ce que l'on croit, le seitan n'est pas une bonne source de protéines. Et il ne faut pas le confondre avec le **tempeh** qui est préparé avec du soya et qui renferme beaucoup de protéines (voir p. 59).

Il est facile de rater l'objectif avec certains aliments végétariens fétiches comme la tourtière de millet, le végé-pâté, les germinations et le seitan, puisque ceux-ci fournissent peu de protéines. Si vous aimez ces aliments, complétez le repas par une autre bonne source de protéines.

Les menus solutions

Pour respecter la règle de l'équilibre, il est nécessaire de répartir les aliments riches en protéines sur trois repas et de porter une attention particulière aux protéines du matin et du midi. Ce sont les repas les plus importants.

Ayez en tête qu'il vous faut au moins **15 grammes de protéines par repas** et consultez le Tableau 2, page 28 pour savoir combien de grammes de protéines contient un aliment.

Les menus solutions favorisent cette bonne distribution de protéines, même s'il n'y a qu'un seul repas contenant de la viande, de la volaille ou du poisson dans la journée.

MATIN   fruit frais, céréales de **soya** et **lait** (15 g de protéines)

MIDI   salade de **lentilles**, fromage **feta**, pita de blé entier, fruit
(15 g de protéines)

SOIR   **poulet grillé**, riz brun, légumes verts, gelée de fruits
(15 g de protéines)

MATIN   bon bol de **yogourt**, 20 **noix** hachées et fruit frais
(15 g de protéines)

MIDI   **thon** et verdures, pain de blé entier, fruit frais
(15 g de protéines)

SOIR   ragoût de **pois chiches**, brocoli, compote de fruits
(15 g de protéines)

MATIN	2 tranches de pain de seigle, **beurre d'arachide**, café au lait (15 g de protéines)
MIDI	**tofu** brouillé, légumes au wok, pita, **yogourt** (15 g de protéines)
SOIR	riz aux **crevettes** et aux légumes, salade, fruit frais (15 g de protéines)

Nous sommes loin d'un menu de lapin avec ses montagnes de légumes, puisque carottes et verdures ne fournissent que peu de protéines. Pour être certain d'avoir la bonne dose, consultez le tableau des bonnes sources de protéines (voir Tableau 2, p. 28). Si vous utilisez des plats cuisinés, consultez les étiquettes pour en connaître la teneur en protéines et complétez votre repas par d'autres aliments riches en protéines, si nécessaire. Et, pour avoir d'autres bonnes idées, consultez les 25 menus contenus dans cet ouvrage.

La notion de jumelage des protéines, revue et corrigée

Les protéines des légumineuses, des noix et des produits céréaliers n'ont pas les mêmes pouvoirs que celles de la viande, de la volaille, des œufs et du soya. On les appelle protéines incomplètes, alors que les secondes sont dites complètes. Cette réalité existe depuis la nuit des temps, mais elle a fait naître, il y a 30 ans, la théorie du jumelage des protéines végétales, soit l'obligation de réunir deux protéines incomplètes au même repas. C'était compliqué et cela semait l'inquiétude. Le plus étonnant dans tout cela est de voir cette théorie survivre en 2001, alors que les experts du domaine n'y croient plus depuis des années.

Il n'est pas obligatoire de manger au même repas un produit céréalier et une légumineuse, même si plusieurs menus s'y prêtent aisément. La consigne du moment est plus simple à comprendre et à suivre ; il suffit de manger chaque jour des protéines végétales différentes — légumineuses, soya, noix et produits céréaliers —, ce qui répond aux besoins des végétariens stricts. Dans le contexte d'un végétarisme à temps partiel, cette consigne n'est même pas nécessaire, puisque le menu est composé à la fois de protéines d'origine animale et végétale.

■

Il est non seulement nécessaire d'avoir la bonne dose de protéines dans la journée, mais essentiel d'avaler au moins 15 grammes de protéines à chaque repas. De cette façon, vous avez la clé de l'équilibre et de l'énergie, du matin au soir.

■

Règle nº 2 : encourager les aliments riches en fer

Le fer est un joueur majeur dans le maintien de la santé. Présent dans les globules rouges, il transporte l'oxygène dans le sang, le met en réserve dans les muscles et permet d'évacuer le gaz carbonique vers les poumons. Il remplit d'autres fonctions vitales et lorsqu'une personne en manque, certains malaises s'installent comme une fatigue importante, une baisse de la concentration et un affaiblissement du système immunitaire ; on parle alors d'anémie. Or, le manque de fer est répandu et se rencontre autant chez les végétariens que chez les non-végétariens à travers le monde. Comme le fer n'est pas assez présent dans l'alimentation quotidienne ou qu'il est souvent mal absorbé, les femmes avant la ménopause souffrent davantage d'un manque de fer que les hommes, surtout à cause des pertes menstruelles. Les jeunes enfants constituent aussi un groupe très vulnérable.

Pour remédier à la situation, la dose quotidienne recommandée aux femmes a récemment été augmentée à 18 mg par jour par le comité d'experts qui révise périodiquement les apports nutritionnels recommandés pour le Canada et les États-Unis — elle était de 14 mg auparavant. La dose quotidienne recommandée aux hommes se maintient à 8 mg par jour. Parce que le fer présent dans les végétaux est moins bien absorbé que celui contenu dans la chair animale, la dose quotidienne recommandée aux **végétariens stricts** s'élève à 36 mg pour les femmes avant la ménopause et à 16 mg par jour pour les femmes postménopausées et les hommes de tout âge. Il y a donc lieu d'enrichir le menu quotidien d'aliments riches en fer et de favoriser son absorption.

Parmi les aliments les plus riches en fer, on trouve les céréales à déjeuner enrichies de fer, les abats comme le foie, les légumineuses comme le soya, les mollusques comme les huîtres, les moules et les palourdes ainsi que la mélasse noire (*blackstrap*). Ce n'est donc pas la viande rouge qui en a l'exclusivité.

3. Les bonnes sources de fer

Produits de source végétale
portion cuite de 250 ml (1 tasse), sauf indication contraire
valeurs données en mg

Fèves soya	9
Haricots blancs	8
Lentilles	7
Pois chiches	5
Tofu *régulier*, 100 g (3 1/2 oz)	5
Doliques à œil noir	4
Haricots de Lima	4
Pois cassés	3
Tofu *soyeux*, ferme, 170 g (6 oz)	1,8

Fruits et légumes

Épinards	6
1 pomme de terre de grosseur moyenne	3
5 figues séchées	2

Produits de source animale
portion de 90 g (3 oz)
valeurs données en mg

Huîtres crues de l'Atlantique	17
Foie de porc cuit	15
Foie de veau, de bœuf ou de poulet, cuit	7
Moules cuites ou pieuvre	6
Truite grillée	2
Bœuf haché maigre, cuit	2
Agneau ou lapin, cuit	2
Cubes de veau	1
Poitrine de poulet	0,9
Longe de porc	0,7

Apport nutritionnel recommandé par le National Academy of Sciences (NAS) en 2001 :
Femme avant la ménopause : 18 mg/jour ;
Femme postménopausée et homme : 8 mg/jour ;
Végétariens stricts, homme et femme postménopausée : 16 mg/jour ;
Végétariens stricts, femme avant la ménopause : 36 mg/jour.

Les deux grandes conditions qui favorisent l'absorption du fer

Le fait d'être végétarien à temps partiel favorise l'absorption du fer. En effet, cette approche est conçue autour d'un apport régulier de végétaux riches en vitamine C et d'une consommation minimale de chair animale, soit les deux conditions importantes pour favoriser l'absorption du fer.

1. **Un apport constant de végétaux riches en vitamine C.** La vitamine C acidifie l'environnement gastrique et permet au fer de rester soluble, ce qui le rend deux à trois fois plus disponible pour l'absorption. Ainsi, la présence à chaque repas d'au moins 75 mg de vitamine C sous forme de fruits et légumes est importante et n'a rien de compliqué. Consultez les menus et notez que les aliments en caractères gras constituent de bonnes sources de vitamine C. Certains de ces menus manquent de vitamine C, alors que d'autres en renferment suffisamment.

MATIN	céréales, lait et noix, café (0 mg de vitamine C)
	pain grillé, beurre d'arachide et pomme, café au lait (5 mg de vitamine C)
	jus d'orange ou **demi-pamplemousse**, céréales, lait et café (75 mg de vitamine C)
	kiwi ou **demi-cantaloup**, bol de yogourt et noix, café au lait (75 mg de vitamine C)
MIDI OU SOIR	salade verte, poulet grillé et riz brun, poire ou pomme (20 mg de vitamine C)
	jus de tomate, **salade de chou** et poulet grillé, pain de grains entiers, poire (75 mg de vitamine C)
	demi-**poivron vert**, salade de pois chiches, pain de grains entiers, 2 **clémentines** (100 mg de vitamine C)
	chou-fleur et trempette, truite grillée, carottes et **brocoli** vapeur, pain de grains entiers, pêche (85 mg de vitamine C)
	crudités, soupe-repas aux lentilles, pain de grains entiers, **kiwi** (75 mg de vitamine C)

4. Exemples de combinaisons d'aliments riches en vitamine C

Pour atteindre 75 mg ou plus de vitamine C
portion de 250 ml (1 tasse), sauf indication contraire
valeurs données en mg

Aliment	Vitamine C	Total
1/2 pamplemousse	43	99
Chou frisé	56	
Melon miel Honeydew	45	92
Jus de tomate	47	
Jus de canneberge	40	90
Asperges	50	
Groseilles	49	89
Épinards	40	

5. Les bonnes sources de vitamine C

portion de 250 ml (1 tasse), sauf indication contraire
valeurs données en mg

Fruits et jus de fruits

Cassis	202
1 papaye de grosseur moyenne, pelée	188
1 goyave de grosseur moyenne	165
Jus d'orange frais	131
Jus d'orange surgelé, reconstitué	102
Fraises fraîches	89
Nectar d'abricot, vitamine C ajoutée	88
Jus d'ananas non sucré, vitamine C ajoutée	87
Jus de pomme non sucré, vitamine C ajoutée	87
Jus de pamplemousse, surgelé, reconstitué	83
1 kiwi	75
Cantaloup en cubes	71
10 litchis	70
1 orange	70
1 mangue	57
Groseilles fraîches	49
Jus de fruits de la Passion	45
Melon miel Honeydew	45
1/2 pamplemousse blanc ou rose	43
Jus de canneberge, vitamine C ajoutée	40

5. Les bonnes sources de vitamine C (suite)
portion de 250 ml (1 tasse), sauf indication contraire
valeurs données en mg

Légumes et jus de légumes

Poivron rouge ou vert	160
Choux de Bruxelles cuits	102
Brocoli cru ou cuit	100
Chou-rave cru ou cuit	93
Chou frisé cru	85
Pois mange-tout cuits	81
Chou-fleur cru ou cuit	75
Jus de légumes	71
Chou frisé, cuit	56
Asperges cuites	50
Jus de tomate	47
Pak-choi cuit	44
Chou vert ou rouge	43
Épinards cuits	40

Apport nutritionnel recommandé par le National Academy of Sciences (NAS) en 2001 :
Femme : 75 mg/jour ;
Homme : 90 mg/jour.

2. Une quantité minimale de chair animale au repas. La présence même minime de chair animale peut augmenter l'absorption du fer de 200 à 400 %, c'est ce qu'on appelle le *meat factor*. Si le repas renferme seulement 30 g (1 oz) de poisson, de poulet ou de fruits de mer mélangés à d'autres aliments, le fer est mieux absorbé que si la petite dose de chair animale n'y était pas. Alors que si le repas met en vedette des œufs ou du fromage, le même phénomène ne se produit pas.

Même si une personne ne mange pas de chair animale à chaque repas, le fait d'être végétarienne à temps partiel lui permet d'en manger de temps à autre et augmente la rétention du fer, comparativement à une autre personne dont le menu ne contient jamais de poisson, de poulet ou de viande.

Il existe par contre des conditions nuisibles à l'absorption du fer comme la consommation de thé ou de lait au repas. En revanche, selon les chercheurs, une quantité adéquate de vitamine C à ces mêmes repas neutralise les effets négatifs sur l'absorption du fer. En fait, c'est la bonne dose de vitamine C qui fait la différence.

■

Il est important de manger suffisamment d'aliments riches en fer et de ne jamais négliger leurs coéquipiers parfaits à chaque repas, soit les fruits ou les légumes riches en vitamine C.

■

CHAPITRE 3

Des repas sans viande, pas si compliqué que ça !

Un menu quasi végétarien n'impose vraiment aucune règle fixe ; il ne fait que mettre en vedette de nouveaux aliments super intéressants. Si vous voulez en bénéficier pleinement, faites la transition en douceur et intégrez graduellement les nouveaux aliments.

Des changements graduels

Si vous souhaitez délaisser la viande ou la volaille plusieurs fois par semaine, évitez les changements trop brusques. Prenez le temps d'acclimater votre tube digestif et d'étendre votre répertoire de recettes. Je me souviens d'une personne qui suivait une série de cours sur la nutrition et qui avait tellement ajouté de crudités à son menu dans une semaine qu'au cours suivant, elle s'était plainte de vilains maux de ventre (LLL). Hélas, le corps n'aime pas les changements brusques ; il peut réagir plus ou moins fortement et vous faire regretter une nouvelle aventure alimentaire, même si cette aventure est super saine ! Le mot d'ordre est d'intégrer graduellement tout changement alimentaire.

Commencez par vous familiariser avec les légumineuses et les produits de soya. Si vous n'avez jamais goûté ni cuisiné ces aliments, vous devez les apprivoiser au fil des semaines. Donnez-vous au moins quelques mois pour vous sentir à l'aise physiquement et mentalement avec cette alimentation nouvelle.

Voici quelques suggestions pour y arriver :

- faites une liste des aliments et des menus que vous mangez habituellement et identifiez ceux qui renferment déjà des légumineuses ou du soya — spaghetti sauce au tofu, soupe de lentilles, salade de pois chiches et autres. Si vous n'en mangez que quelques fois par mois, planifiez d'en servir un peu plus souvent ;

- si vous n'avez pas déjà quelques recettes de ce genre, faites le tour de votre marché d'alimentation avec des yeux nouveaux, puis dénichez la section des légumineuses en vrac et celle des légumineuses en conserve. Regardez ensuite le type de tofu qu'on y trouve, le régulier ou le soyeux. Enfin, faites une liste des possibilités qui s'offrent à vous ;

- diminuez la quantité de viande dans vos recettes favorites en utilisant du tofu écrasé ou des lentilles cuites pour compléter une quantité de bœuf haché ; ce truc peut se faire facilement quand vous préparez une sauce à spaghetti ou un pâté chinois ;

- si vous n'avez jamais mangé de légumineuses, n'en prenez pas une pleine portion pour commencer, car vous pourriez avoir des problèmes de flatulence (voir La question de la flatulence, p. 91). Plus vous en mangez, moins votre corps réagit ;

- essayez une nouvelle recette par semaine (voir Les 25 menus et leurs recettes, p. 95). Lorsqu'une recette gagne les cœurs de votre entourage, conservez-la sur une fiche. La prochaine fois, elle vous semblera plus simple à préparer. Vous pouvez même en préparer une double quantité et faire des réserves au congélateur ;

- essayez quelques aliments qui imitent la viande ou le fromage, mais qui sont à base de soya — il y en a plusieurs sur le marché —, puis retenez vos préférés (voir p. 59 et 61).

Au chapitre des fruits et légumes, faites la liste de vos favoris et comparez cette liste à ceux qui sont riches en vitamine C (voir Tableau 5, p. 38). Planifiez votre menu de façon à avoir un fruit ou un légume riche en vitamine C à chaque repas.

Des trucs qui font gagner du temps

Les trucs qui font gagner du temps commencent par l'achat d'ingrédients savoureux. Si la cuisine végétarienne a si bon goût, c'est qu'on ajoute ici une touche d'épices, là, quelques brins d'herbes fraîches, ou là encore de succulents condiments. Ces assaisonnements constituent les bases d'une cuisine dont tous vos amis voudront connaître le secret.

Les indispensables : Un garde-manger bien garni d'épices — cumin, graines de coriandre, muscade, cannelle, toute-épice, cardamome, poudre de cari et gingembre — et d'herbes séchées — thym, estragon, basilic, ciboulette, coriandre, persil italien, sauge, marjolaine, romarin, menthe poivrée et sarriette — prévient les déceptions ou les courses de dernière minute. Si vous avez la chance d'avoir accès régulièrement à des herbes fraîches — thym, basilic ou ciboulette —, allez-y gaiement, car c'est encore plus savoureux.

Parmi d'autres ingrédients de base à avoir sous la main, il y a la sauce tamari légère — elle contient moins de sel — (voir Tableau 7, p. 61), l'huile d'olive extra-vierge, la sauce tomate maison ou celle que l'on trouve dans le commerce, le pistou maison ou celui que l'on trouve dans le commerce, le vinaigre de vin ou le vinaigre balsamique, la moutarde de Dijon, l'ail frais, les chutneys, les graines de sésame non décortiquées, les graines de lin et de tournesol, les noix — amandes, pistaches, noix de Grenoble et noisettes —, les fèves soya rôties non salées (voir p. 56), le miso (voir p. 61), les bouillons de légumes et de poulet maison ou les bouillons liquides prêts à servir (Pacific et Imagine) et le citron frais. Ces ingrédients vous permettent de cuisiner toute une gamme de recettes intéressantes.

À la saison des récoltes, constituez-vous une réserve de saveurs en préparant de bons ketchups maison ainsi que des chutneys de tomate et de fruits pour relever le goût des plats de légumineuses ou de tofu.

Les incontournables : Les aliments incontournables de la cuisine végétarienne sont, bien sûr, les légumineuses sèches comme les lentilles rouges, vertes ou brunes, les pois cassés et les légumineuses en conserve, comme les haricots rouges ou blancs, les pois chiches, les fèves noires, les fèves romaines et les fèves soya, ainsi que plusieurs autres. Si vous en avez toujours quelques-unes dans le garde-manger, vous ne partirez jamais à zéro.

Parmi les ingrédients essentiels et intéressants, il y a aussi le tofu soyeux scellé sous vide qui se conserve sans réfrigération pendant des mois, des grains entiers comme le riz brun basmati plus parfumé que le riz brun ordinaire, des flocons d'avoine à longue cuisson, de la farine de blé entier à pâtisserie et des pâtes de blé entier.

Au fur et à mesure que le répertoire de recettes s'accroît, la variété de légumineuses, de grains entiers, de noix, d'herbes et d'épices augmente, et le plaisir aussi.

Les aliments prêts à servir : On peut trouver sur le marché plusieurs mets végétariens prêts à servir qui s'avèrent très utiles le midi ou le soir quand on est pressés (voir les aliments dépanneurs du marché, p. 50) pour compléter un repas ou un plat.

Voici une liste des aliments qui peuvent vous dépanner régulièrement :

- la *fricassée de tofu* du Commensal vendue au supermarché, prête à manger en 5 minutes. On peut très bien la servir avec des légumes vapeur, une ratatouille ou encore des légumes sautés au wok. Entourée de riz brun ou de pain de grains entiers, d'une salade de verdures et d'un bon fruit, voilà un repas vite fait et satisfaisant ;

- si vous aimez les mets épicés à l'indienne, les *sachets de lentilles cuites* Tasty Bite se réchauffent en 5 minutes ou moins et se mangent tel quel avec un riz brun, un quinoa ou un couscous. Ajoutez-leur une salade verte et un fruit frais nappé de yogourt, et la préparation du repas devient un jeu d'enfant ;

- le fameux *hoummos tahini* — une purée de pois chiches relevée, qui provient du Proche-Orient — est offert dans toutes les épiceries et fait le délice des enfants et des ados. Tartiné sur du pain pita de blé entier ou sur du pain azyme — pain sans levain qui ressemble à une crêpe mince — ou même sur une tortilla de maïs, en quantité suffisante, soit 125 ml (1/2 tasse), garni de carottes râpées, de verdures hachées ou de coriandre fraîche, puis enroulé comme un cigare ou un wrap végétarien, c'est un repas fort appétissant ;

- les *burgers à base de soya* à saveur de poulet ou de bœuf de marque Yves Veggie Cuisine sont offerts dans les comptoirs réfrigérés des supermarchés. Ils se réchauffent en quelques minutes au four à micro-ondes ou dans un poêlon. Brisés en morceaux, ils ajoutent une source de protéines à une sauce à spaghetti aux tomates et aux légumes ou à un riz aux légumes. Servis tout simplement en galette dans un pain hamburger de blé entier, puis garnis de tomates tranchées, de laitue ou de cresson, et relevés d'un peu de salsa ou de ketchup maison, ils sont tout indiqués comme repas minute végétarien ;

- parmi les repas toujours populaires auprès des jeunes, on trouve les *lasagnes au tofu ou végétariennes surgelées* de marque AMY que l'on peut se procurer au supermarché. Elles sont prêtes en une demi-heure. On peut les acheter en formats individuel ou familial. Accompagnées d'une belle salade, d'un yogourt et d'un fruit ou d'un verre de lait, elles fournissent la bonne dose de protéines.

Les soupes-repas : les week-ends, quand tout le monde a un peu plus de temps, la préparation en famille d'une soupe-repas aux légumineuses et aux légumes devient une partie de plaisir et une belle occasion d'initier les enfants aux rudiments de la cuisine. Si vous avez moins de temps ou moins d'aide à la maison, ne vous privez pas de ce genre de soupe qui est un dépanneur idéal aux repas du midi et du soir. Utilisez alors des *sacs de soupe* de Bean Cuisine qui renferment déjà une bonne quantité des ingrédients d'une soupe consistante, soit les légumineuses, les herbes séchées et le bon dosage d'épices. Vous n'avez qu'à ajouter des oignons, des carottes, du céleri et d'autres légumes hachés, du bouillon de volaille ou de légumes et à laisser mijoter quelques heures. Les résultats sont étonnants et le rendement de 12 à 15 portions est généreux. Une fois refroidie, cette soupe se congèle en portions pratiques.

Si vous désirez aller encore plus vite, ajoutez à une soupe aux légumes maison une ou deux conserves de légumineuses cuites, réchauffez bien le tout pour que les saveurs se marient et, au moment de servir, ajoutez des feuilles d'épinard ou de bette à carde ou même des feuilles de betterave. Faites-les cuire juste assez longtemps pour les amollir. Pour rehausser le goût encore davantage, ajoutez un peu de pistou avant de déposer les feuilles de verdures et saupoudrez de parmesan fraîchement râpé.

Une pizza végétarienne pas comme les autres : Achetez une croûte de pizza de blé entier et garnissez-la à la maison. Recouvrez-la d'une sauce tomate ou de fines tranches de tomates italiennes fraîches en saison, puis garnissez-la de légumes colorés comme des petits bouquets de brocoli blanchis, des rondelles de poivron rouge, vert ou jaune, de fines tranches de courgette, des morceaux de champignon, des feuilles d'épinard et quelques tranches d'olives noires. Puis, pour remplacer le pepperoni, utilisez des saucisses à base de soya que vous faites cuire à la vapeur quelques minutes — comptez une saucisse par personne. Coupez-les dans le sens de la longueur et disposez-les joliment sur les légumes. Terminez par de la mozzarella râpée ou, pour les intolérants au lactose, par du similifromage à saveur italienne. Cette version est beaucoup plus riche en légumes et en protéines que les pizzas végétariennes offertes sur le marché.

Sauce tomate enrichie : Pour épaissir une sauce tomate, ajoutez-y de petites lentilles rouges 10 à 15 minutes avant la fin de la cuisson : les lentilles ne changent pas vraiment le goût de la sauce, mais elles en augmentent significativement la valeur nutritive et en améliorent la texture.

Piments farcis végétariens : Au lieu de farcir des poivrons avec du bœuf haché, mélangez une sauce tomate et lentilles à du riz brun basmati cuit, gorgez les poivrons de ce mélange et faites cuire. Très simple, facile et savoureux.

Repas au wok exceptionnel : La cuisine au wok simplifie la vie et fait voyager à bien peu de frais. En un tournemain, improvisez un repas à saveur asiatique, orientale ou provençale. Faites sauter 3 à 4 légumes colorés — brocoli, pois mange-tout, poivrons de toutes les couleurs, asperges ou autres —, ajoutez des cubes de tofu aux herbes ou des légumineuses cuites, des noix d'acajou ou des amandes crues. Assaisonnez d'un bouillon relevé de cumin et de cari, d'olives noires et de tomates séchées ou de sauce tamari légère — elle contient moins de sel —, de gingembre frais et de graines de sésame. Accompagnez de riz brun, de quinoa — un grain entier qui se cuit comme du riz — ou de pâtes de blé.

Des réserves au congélateur : Les plats de légumineuses se congèlent très bien, alors quand vous transformez la cuisine en usine de production, profitez-en pour garnir le congélateur en prévision des soirs où vous serez plus pressé.

Des façons simples d'intégrer le soya :

- versez de la boisson de soya enrichie, version originale, dans les céréales du petit-déjeuner à la place du lait ordinaire, cela donne une onctuosité et une saveur plus douce ;
- faites cuire le gruau ou la crème de blé dans la boisson de soya au lieu d'utiliser de l'eau ou du lait de vache ;
- ajoutez de la boisson de soya nature non aromatisée aux potages maison, ils seront plus onctueux ;
- ajoutez du croquant à une salade ou à un plat cuisiné en y parsemant des fèves soya rôties non salées (voir p. 56) ;
- pour un **Dessert minute** élégant, fouettez au mélangeur un paquet de tofu soyeux avec un sac de fraises, de framboises ou de bleuets surgelés, décongelés, un peu de zeste de citron et un filet de sirop d'érable. Servez le tout dans vos plus belles coupes en verre. Personne ne se doutera que ce savoureux dessert contient du tofu.

Des petits-déjeuners différents : Essayez la **Savoureuse crème de tofu aux bananes.** C'est facile à préparer et vite fait. Dans le récipient du mélangeur, déposez 1/2 paquet — 170 g (6 oz) — de tofu soyeux, une grosse banane bien mûre, le jus de 1/2 citron et 3 généreuses cuillerées à soupe de yogourt nature ; fouettez jusqu'à l'obtention d'une crème onctueuse — vous n'aurez même pas le temps de compter jusqu'à 100. Pour augmenter le contenu en fibres et en bons gras *oméga-3*, incorporez 15 ml (1 c. à soupe) de graines de lin moulues aux autres ingrédients. Goûtez-y avec quelques petits fruits d'été, un délice…

D'autres aliments dépanneurs du marché

La liste des mets sans viande que l'on peut trouver tant au magasin d'aliments naturels qu'au supermarché s'allonge de semaine en semaine. La gamme des produits à base de soya ou de légumineuses n'a jamais été aussi variée et intéressante.

Lorsque vous décidez d'acheter votre repas plutôt que de le cuisiner vous-même, assurez-vous que le produit que vous choisissez renferme de 15 à 20 grammes de protéines par portion. Vous devez toujours lire les étiquettes pour vérifier le contenu en protéines, car plusieurs plats que l'on nomme plats principaux ne fournissent que de 5 à 10 grammes de protéines par portion.

Les comptoirs réfrigérés des supermarchés offrent, entre autres :

- les produits de marque Yves Veggie Cuisine qui sont faits avec des protéines de soya et qui fournissent en général autour de 15 à 20 grammes de protéines par portion ; des végé-burgers, des tranches de similipepperoni et de similidinde, des similisaucisses fumées plus ou moins épicées et des lasagnes au tofu. On trouve aussi des simili-fromages à saveur italienne, à saveur des Alpes et à d'autres saveurs faits avec de la caséine et du soya, offerts en tranches emballées séparément comme le fameux Kraft. Chaque tranche fournit 4 grammes de protéines et peut être utilisée comme le vrai fromage sur les pizzas, les plats cuisinés, dans les sandwiches…
- les produits du Commensal ; parmi ceux dans lesquels on trouve suffisamment de protéines par portion, il y a la fricassée de tofu, le tofu à la grecque et le suprême végétarien. Lorsque le contenu en protéines est un peu faible, on doit augmenter la portion.

Le comptoir des surgelés des supermarchés ou des magasins d'aliments naturels offre, entre autres :

- les produits de marque Amy qui regroupent une belle gamme de mets végétariens bio : lasagne au tofu ou aux légumes et fromage, plusieurs pizzas savoureuses avec ou sans fromage, divers burgers et plats à base de grains entiers et légumineuses. Les contenus en protéines varient et les plats ne renferment pas toujours les 15 à 20 grammes requis. Lisez bien les étiquettes ou arrondissez les portions, si nécessaire.

Parmi les produits en conserve et/ou déshydratés, il y a quelques marques intéressantes :

- les soupes-repas en conserve de marque Health Valley aux légumineuses et les soupes-repas déshydratées de marque Fantastic qui fournissent environ 10 grammes de protéines par portion. Ces soupes-repas sont, pour la plupart, à base de légumineuses et de légumes. Health Valley fabrique aussi des chilis végétariens aux haricots noirs contenant 14 grammes de protéines par portion ;
- les produits de marque Eden, réputés pour leurs légumineuses bio en conserve, offrent aussi des soupes-repas en conserve contenant 10 grammes de protéines par portion.

Faites provision de ces aliments dépanneurs pour les jours où vous serez plus pressé. Vous n'avez qu'à compléter par de beaux légumes frais, en salade ou vapeur, un produit céréalier et un fruit, et votre repas sans viande ne sera pas dépourvu de couleur, de saveur ni de valeur nutritive. Ajoutez-y un yogourt, si la ration de protéines n'est pas adéquate.

CHAPITRE 4

Les différents visages du soya

L a fève soya, appelée soja en Europe, n'est pas une légumineuse comme les autres, c'est la raison pour laquelle nous lui consacrons plusieurs pages.

Cette fève pas comme les autres a fait son entrée en Amérique plutôt discrètement il y a 30 ou 40 ans, mais aujourd'hui, elle ne passe plus inaperçue. Et pour cause ! La fève soya a non seulement une valeur nutritive exceptionnelle, mais elle renferme une foule de substances intéressantes, qui en font un aliment fonctionnel ou neutraceutique, c'est-à-dire un aliment qui offre des bénéfices additionnels à son apport en protéines, en vitamines et en minéraux. Riche en phytoestrogènes, en phytostérols, en lécithine et autres substances, le soya a fait l'objet d'une foule de recherches à travers le monde depuis 15 ans. Si bien qu'aujourd'hui les femmes en mangent pour soulager les malaises liés à la ménopause et que les hommes en prennent pour baisser leur taux de cholestérol. L'état des connaissances sur le soya continue de progresser, et cet aliment demeure l'un des plus intéressants.

Tout comme les Occidentaux transforment les grains de blé en céréales sèches, en pain, en pâtes ou en biscuits, les Asiatiques transforment depuis toujours la fève soya en tofu, en miso, en tempeh, en tamari et en shoyu. Les Occidentaux ont toutefois pris le relais depuis quelques années et offrent toute une gamme de nouveaux aliments à base de protéines de soya ou de tofu, ou même des fèves soya rôties. En voici un aperçu.

La fève soya

Depuis plus de 2000 ans, elle fait partie du menu des Chinois et un millé-
naire plus tard, elle s'est intégrée à l'alimentation des Japonais. La fève
soya que l'on fait cuire à la maison ou celle que l'on trouve en conserve
possède une valeur nutritive supérieure à toutes les autres légumineuses.
Ainsi, **250 ml (1 tasse) de fèves soya cuites renferment 30 grammes
de protéines, soit deux fois plus que la même quantité de pois chiches
cuits** et autant qu'une portion de 100 g (3 1/2 oz) de bœuf haché maigre.
La qualité de protéines contenues dans le soya n'a pas toujours été éva-
luée à sa juste valeur; or, les mesures d'efficacité des protéines sur la croissance humaine calculées récemment par les scientifiques donnent au
soya un score parfait, le même que celui accordé au lait et à l'œuf.

Le soya est également une excellente source de minéraux (voir
Tableau 15, p. 84). Quant à son contenu en matières grasses, il dépasse
celui des autres légumineuses, mais il est de bonne qualité. Ainsi, 250 ml
(1 tasse) de fèves soya cuites renferment plus de gras que la même quantité de pois chiches, mais ce sont de bons gras de type *oméga-3*. Aucune
autre légumineuse ne possède un tel contenu.

Son contenu en isoflavones ou similiestrogènes est beaucoup plus
important que celui des autres légumineuses, ce qui lui confère des pouvoirs que l'on ne soupçonnait pas il y a 10 ans (voir Encadrés 1 et 2, p. 64
et 66).

Malgré ces différences sur le plan nutritionnel, la fève soya s'utilise dans
les recettes comme toute autre légumineuse. Vous devez d'abord la faire
tremper, puis la faire cuire de 2 à 3 h afin d'obtenir la bonne consistance.
Vous pouvez également utiliser les fèves soya en conserve.

La fève soya rôtie

Connaissez-vous les fameuses fèves soya rôties, appelées quelquefois noix
de soya ? C'est une découverte à faire, si vous ne les connaissez pas déjà.
Les fèves sont d'abord trempées dans l'eau, puis rôties à l'huile ou à la

```
Q U E B E C   L O I S I R S   INC.
        NO. TPS : R104362124
NO CAISSE: 3.1  19-05-02  13:53:02
NO ADHERENT: 9/7220057

74164-2 VEGETARISME PARTIEL  19.95$LI
                              --------
    TOTAL            :      19.95$
    TPS              : +     1.40$
    TVQ              : +     1.60$
    REMB. TVQ LIVRES : -     1.60$
                              --------
    TOTAL            :      21.35$
    CARTE MASTER CARD         21.35$
    CHANGE           :       0.00$

      MERCI!  BONNE LECTURE
      BOUTIQUE MAIL ST-BRUNO    21
```

chaleur sèche. Elles sont vendues nature, salées ou même fortement assaisonnées. La texture et la saveur s'apparentent à celles des arachides. Mais c'est la valeur nutritive qui est étonnante. Ainsi, une petite poignée de 30 ml (2 c. à soupe) renferme 5 grammes de protéines, soit autant qu'un petit yogourt. De plus, la même poignée de fèves soya rôties fournit deux fois plus de protéines que la même quantité d'amandes, mais 30 % moins de gras. Une collation digne de mention !

L'isolat de protéines de soya

L'isolat de protéines de soya que vous retrouvez dans une foule d'aliments est extrait des fèves soya qui sont réduites en flocons, puis dégraissées. C'est une forme très pure et très concentrée, puisqu'elle renferme jusqu'à 90 % de protéines. Ainsi, 15 ml (1 c. à soupe) de poudre d'isolat de protéines de soya peut contenir de 5 à 20 grammes de protéines. Consultez l'étiquette du produit.

Vous pouvez trouver de l'isolat de protéines de soya dans certaines boissons de soya, dans certaines préparations pour nourrissons, dans une foule de nouveaux aliments — comme les similiviandes — et dans de très nombreuses poudres vendues comme supplément de protéines ou comme source d'isoflavones (voir Tableau 11, p. 65).

Les boissons de soya

Ces boissons, souvent appelées lait de soya, se trouvent maintenant partout, du magasin d'aliments naturels au supermarché, en passant par certains dépanneurs. Elles sont nombreuses et n'ont pas toutes les mêmes composantes, mais disons de prime abord que la fève soya est la seule légumineuse pouvant donner une boisson qui ressemble à du lait.

Il y a deux façons de fabriquer ces boissons : soit en utilisant des fèves soya qui ont trempé et cuit, puis qui sont moulues et pressées, soit en utilisant de l'isolat de protéines de soya auquel on ajoute de l'eau. Certaines sont faites avec du soya certifié biologique, d'autres pas. Le liquide crémeux qui en résulte est pasteurisé avant d'être vendu sur le marché.

Ces boissons se vendent en contenants de 1 ou 2 litres ou en portions individuelles, à l'état frais ou parmi les produits de longue conservation (UHT). Elles sont offertes nature ou agrémentées de différents parfums de fraise, de vanille ou de chocolat. On peut les utiliser comme du lait de vache, dans des soupes, des sauces, des sorbets ou autres plats.

Leur contenu en protéines varie selon la quantité de soya présent. Certaines boissons renferment jusqu'à 9 grammes de protéines par 250 ml (1 tasse), alors que d'autres n'en contiennent que 5 grammes. Ne pas confondre ces boissons de soya avec d'autres boissons à base de riz, d'amande ou de grains, lesquelles fournissent moins de protéines et plus de sucre.

Quant au contenu en calcium et en vitamine D, il varie selon que la boisson est *enrichie* ou non enrichie. Ainsi, une boisson de soya *enrichie* fournit en moyenne 300 mg de calcium et 100 unités internationales de vitamine D par 250 ml (1 tasse), alors qu'une boisson non enrichie ne contient que 20 mg de calcium et aucune trace de vitamine D. Les boissons de soya *enrichies* fournissent aussi de la vitamine B12 — 50 % des besoins quotidiens par 250 ml (1 tasse) —, soit la seule vitamine totalement absente des aliments d'origine végétale. Lisez toujours les étiquettes.

Note : Ces boissons, même *enrichies*, ne conviennent pas à un nourrisson et ne devraient pas être servies à un enfant avant l'âge de deux ans. Par contre, il existe des préparations pour nourrissons à base de soya sur le marché.

La farine de soya

La farine de soya est préparée avec des fèves soya rôties et moulues. Elle contient deux à trois plus de protéines que la farine de blé entier, ainsi que beaucoup de fer et autres minéraux. Elle peut être utilisée en petites quantités dans les produits de boulangerie, mais comme elle est dépourvue de gluten, elle ne fera pas lever la pâte. Si vous l'achetez entière, vous devez la conserver au frigo, car elle rancit rapidement ; par contre, celle qui est sans gras se conserve dans le garde-manger sans problème.

Le tempeh

D'origine indonésienne, le tempeh est une galette faite avec des fèves soya fermentées. Le tempeh que l'on trouve aujourd'hui est préparé avec le soya fermenté et un grain entier, comme le riz brun ou le millet. On fait tremper les fèves soya dans l'eau, puis on les fait cuire. On y ajoute ensuite un ferment qu'on laisse agir environ 36 h. Le soya ainsi fermenté porte le nom de tempeh. Celui-ci doit être cuit avant d'être consommé. Il possède une texture délicate et a un peu le goût des champignons. Pour en améliorer la saveur, vous pouvez le faire mariner une vingtaine de minutes. Le tempeh peut remplacer la viande ou une autre légumineuse dans une sauce à spaghetti, une soupe ou un plat cuisiné. Il se conserve plusieurs mois au congélateur, mais une fois décongelé, il ne se garde que 10 jours au frigo. À quantité égale, le tempeh fournit autant de protéines que les fèves soya cuites ; de plus, 125 ml (1/2 tasse) fournit 77 mg de calcium, soit autant que la même quantité de fromage cottage. Ne pas confondre avec le seitan qui provient du gluten de blé et qui ne fournit pas beaucoup de protéines (voir p. 31).

Les similiviandes

Les burgers de soya à saveur de poulet ou de bœuf, les saucisses à hot-dogs à base de soya et les similiviandes fumées en surprennent plusieurs. De nombreuses mamans en servent aux enfants et aux grands, qui croient manger de la viande.

Ces nouveaux aliments sont faits avec des protéines de soya mélangées à d'autres ingrédients comme l'eau, le gluten de blé, des extraits de levure, des épices et autres. Ils sont offerts réfrigérés, la plupart du temps. À l'occasion, ils peuvent dépanner.

6. Valeurs comparatives de la viande et de la similiviande

Produit	Quantité (g)	Énergie (calories)	Protéines (g)	Gras (g)
Bœuf haché maigre, cuit	55	136	16	8
Sans viande hachée, Yves Veggie Cuisine	55	58	10	0
Pepperoni	48	239	10	21
Pepperoni, Yves Veggie Cuisine	48	73	14	0

La sauce soya

La sauce soya provient de la fermentation des fèves soya. Une fois fermentées, les fèves sont moulues, bouillies, filtrées, puis salées. Différentes sortes de sauce soya sont offertes sur le marché :

- la sauce **tamari** (nom japonais de la sauce soya) est faite principalement de fèves soya, mais elle peut contenir du blé, alors que la sauce **shoyu** est une sauce soya qui contient toujours du blé ;
- la sauce **teriyaki** est une sauce soya à laquelle on ajoute du sucre, du vinaigre et des épices, alors que la sauce **PVH** est à base de protéines végétales hydrolysées qui peuvent être du soya, du maïs et du blé ; elle n'est pas fermentée, mais c'est le sirop de maïs, le caramel et le sel qui sont responsables de sa saveur et de sa couleur.

Toutes ces sauces soya sont très salées ; les versions légères contiennent un peu moins de sel. Ces sauces servent à relever la saveur de plats asiatiques, mais elles ne fournissent ni protéines ni isoflavones, contrairement à la plupart des produits de soya.

7. Teneur en sodium (sel) de certains produits de soya	
portion de 15 ml (1 c. à soupe) *valeurs données en mg*	
Sauce soya, de type VH	1 044
Sauce tamari	933
Shoyu	841
Sauce tamari légère	700
Sauce teriyaki	700
Miso	410

Le miso

Le miso est une pâte fermentée faite avec des fèves soya. Il y a deux sortes de miso, le hatcho-miso, préparé uniquement avec du soya et fermenté 3 ans et le miso-mamé, le plus populaire, préparé avec du riz ou de l'orge et fermenté de 6 à 12 mois. La saveur, la texture et la couleur du miso varient selon la durée de fermentation.

Le miso est un substitut du sel ou de la sauce soya, il est donc riche en sodium. Il renferme un peu de protéines et d'isoflavones, mais ne constitue qu'un assaisonnement. On peut l'ajouter aux soupes, au tofu, aux sauces ou aux plats cuisinés. Il se conserve réfrigéré plusieurs mois dans un contenant fermé hermétiquement.

Les similifromages

Plusieurs de ces fromages sont fabriqués avec un mélange de protéines de soya et d'eau, de caséine, d'huile de soya, de saveurs naturelles, de sel et de différents additifs d'origine naturelle. La texture ressemble à celle d'un fromage ferme ou encore à celle du très populaire fromage en tranches. Ils sont offerts en différentes saveurs — saveur du Québec, des Alpes, italienne et Jalapeño-Jack — et renferment environ 4 grammes de protéines et 2 grammes de gras par tranche. Ils s'utilisent comme le fromage et tolèrent la chaleur.

8. Valeurs comparatives des fromages et des similifromages				
portion d'une tranche de 17 à 20 g				
Aliment	Calories	Protéines (g)	Gras (g)	Calcium (mg)
Fromage fondu	47	5	3	123
Similifromage de soya	31	4	2	100

Les yogourts de soya

Les yogourts de soya sont préparés avec des fèves soya et de l'eau auxquelles on ajoute du tapioca et d'autres amidons, du miel, des jus de fruits et des ferments actifs d'acidophilus et de bifidus. Leur contenu en protéines est inférieur à celui d'un yogourt ordinaire et leur contenu en calcium n'est pas comparable. Ce type de dessert peut rendre service aux intolérants au lactose ou aux végétariens stricts en fournissant des ferments actifs.

Les desserts surgelés au soya

Les desserts surgelés au soya sont faits avec des boissons de soya, du tofu, de l'huile de soya ou des protéines de soya. Ils sont offerts en différentes saveurs. Si vous êtes intolérant au lactose ou si vous évitez tout produit laitier, ces desserts peuvent remplacer la crème glacée, mais ils ne sont pas moins sucrés que la crème glacée. Certains sont même très sucrés !

9. Valeurs comparatives des desserts surgelés				
portion de 100 ml (3 1/2 oz)				
Aliment	Calories	Protéines (g)	Gras (g)	Calcium (mg)
Crème glacée Laura Secord	243	4	14	24
Dessert surgelé au chocolat, Toffuti	167	2	9	18

Les crèmes-desserts au soya

Il est maintenant possible de trouver toute une gamme de crèmes-desserts au soya. Celles-ci sont faites avec des boissons de soya et sont offertes en plusieurs saveurs.

10. Valeurs comparatives des crèmes-desserts				
pour 1 contenant				
Aliment	Calories	Protéines (g)	Gras (g)	Calcium (mg)
Crème-dessert au chocolat, Jell-o	123	4	4	22
Crème-dessert au chocolat, à base de soya, Provamel	117	4	2	21

Les fèves soya germées

La germination des fèves soya entières prend de 4 à 7 jours. On peut les consommer crues ou cuites. Leur valeur nutritive est beaucoup moins importante que celle des fèves soya cuites et se rapproche plus de celle d'un légume.

63

Un bol de fèves soya germées renferme un peu plus de niacine et de vitamine C (8 mg, comparativement à 3 mg) que la même quantité de fèves soya cuites, mais là s'arrêtent les avantages. De fait, les fèves germées contiennent un peu moins de vitamine A, de thiamine, d'acide folique, 10 fois moins de riboflavine (vitamine B2), 4 fois moins de vitamine B6, 3 fois moins de calcium, 7 1/2 fois moins de fer, 2 fois moins de zinc ainsi que 2 1/2 fois moins de magnésium et de potassium que les fèves soya cuites.

Sur le plan des protéines, le bol de fèves soya germées ne peut pas remplacer adéquatement la viande, alors que la même quantité de fèves soya cuites est largement adéquate.

Encadré 1. Les isoflavones ou phytoestrogènes du soya

Le soya renferme plusieurs composants intéressants et, parmi ceux-ci, on trouve les isoflavones. Ces substances possèdent une structure semblable à celle des œstrogènes produits par les ovaires, mais elles ne fonctionnent pas vraiment comme ces derniers. Ces similiœstrogènes enfouis dans les produits de soya sont absorbés dans le tube digestif sous l'effet de la flore intestinale ; ils sont peu disponibles lorsque la flore intestinale fait défaut après l'absorption d'antibiotiques ou de laxatifs, par exemple. Normalement, les isoflavones passent dans le sang 30 minutes après avoir été consommées et 10 % sont éliminées dans l'urine 5 heures après leur absorption. Leur activité est de 100 à 1 000 fois plus faible que celle des œstrogènes produits par les ovaires, tout en demeurant significative.

Les fèves soya et les isolats de protéines de soya contiennent de grandes concentrations d'isoflavones. Le tofu, les boissons et tous les autres aliments préparés avec du soya en contiennent moins. La documentation scientifique des 10 dernières années relate de nombreuses recherches sur les isoflavones. Certaines ont été effectuées en laboratoire, sur des animaux, d'autres ont été faites lors d'essais cliniques sur des humains. Des équipes de chercheurs du monde entier ont noté que les isoflavones peuvent alléger certains malaises associés à la ménopause, qu'ils améliorent la santé des artères et la densité osseuse et qu'ils peuvent contribuer à la prévention de certains cancers (voir Le végétarisme et les maladies cardiovasculaires ainsi que Le végétarisme et le cancer, p. 195 et 210).

Fait important à noter : la majorité des études sur les isoflavones ont été effectuées en utilisant de la protéine de soya ou du soya, et plusieurs chercheurs soupçonnent une action conjointe des isoflavones avec d'autres composants du soya. Très peu d'études ont été menées avec des extraits d'isoflavones maintenant vendus sous diverses formes de comprimés ou de suppléments.

11. Contenu en isoflavones de certains produits de soya

valeurs données en mg

Aliment	Portion	Isoflavones
farine de soya entière	125 ml (1/2 tasse)	84
farine de soya sans gras	125 ml (1/2 tasse)	64
tempeh cuit	100 g (3 1/2 oz)	50
fèves soya cuites	50 g (125 ml)	49
fèves soya rôties	30 g (4 c. à soupe)	35
fèves soya en croustilles	60 g (2 oz)	32
tofu *soyeux*, ferme	100 g (3 1/2 oz)	27 à 29
tempeh burger	100 g (3 1/2 oz)	26
yogourt au soya	175 g (3/4 tasse)	26
boisson de soya	250 ml (1 tasse)	20 à 35
tofu *régulier*	100 g (3 1/2 oz)	21
céréales à déjeuner avec soya (Vive)	160 ml (2/3 tasse)	14
isolat de protéines de soya	15 ml (1 c. à soupe)	11
miso	5 ml (1 c. à thé)	5
sauce soya ou tamari	5 ml (1 c. à thé)	—
huile de soya	5 ml (1 c. à thé)	—

Encadré 2. Les isoflavones, les étiquettes : petite précision

Vous êtes en train de choisir une boisson de soya. En lisant différentes étiquettes, vous en découvrez une qui renferme 70 mg d'isoflavones par 250 ml (1 tasse), ce qui dépasse largement le contenu des autres boissons qui se situe habituellement entre 20 et 35 mg. S'agit-il du meilleur achat à faire ? Nous n'en sommes pas certaines, puisque à l'automne 2000, nous avons fait analyser cinq échantillons d'une boisson indiquant un contenu de 70 mg d'isoflavones par 250 ml (1 tasse) par le laboratoire d'aliments fonctionnels de l'Université Guelph. Les résultats d'analyse ont révélé un contenu de 33 mg d'isoflavones, soit beaucoup moins que ce que l'on pouvait lire sur l'étiquette. S'agit-il d'une erreur ou d'une fraude ? Nous n'en savons rien…

Cet exemple nous permet toutefois d'apporter une précision sur ce qu'il faut rechercher sur une étiquette concernant les isoflavones. Un aliment qui contient 100 mg d'isoflavones brutes fournit en réalité 60 mg d'isoflavones sous forme active d'**aglycones.** C'est un peu comme le supplément de calcium qui annonce 1 000 mg de carbonate de calcium, mais qui ne fournit en réalité que 400 mg de *calcium élémentaire*.

Cette information devrait vous inciter à vous méfier des produits qui renferment beaucoup plus d'isoflavones que ceux du Tableau 11, p. 65. Par contre, si vous apercevez sur une étiquette 30 mg d'isoflavones sous forme d'aglycones, vous pouvez avoir confiance. Malheureusement, peu d'étiquettes fournissent ce type d'information à l'heure actuelle, mais ça viendra, c'est maintenant chose faite pour le calcium élémentaire !

Encadré 3. Le soya et les OGM, un dossier à suivre

Selon la réglementation canadienne, le soya fait partie des plantes qui peuvent être génétiquement modifiées (OGM). Les plantes OGM, dernier rejeton de la biotechnologie, résultent d'un transfert de gènes qui change leur comportement : elles peuvent devenir résistantes à certains insectes, à certains herbicides ou à certaines maladies. Elles peuvent également mûrir plus lentement, etc. Au premier coup d'œil, cette technologie révolutionnaire émerveille, mais les chercheurs n'ont pas de recul, puisque la première manipulation réussie remonte à 1990. C'est pourquoi elle suscite des interrogations dans la communauté scientifique et de l'inquiétude chez le consommateur. «Ces aliments conçus dans la majorité des cas pour résister aux pesticides ratent la cible», selon l'expert Gilles Éric Séralini, professeur de biologie moléculaire à l'Université de Caen en France et président du CRII-GEN (Comité de recherche et d'information indépendantes sur le génie génétique). Les auteurs du rapport sur les biotechnologies de la Société royale du Canada rendu public en février 2001 réclament un système d'évaluation plus ouvert et des données accessibles. Ils demandent au gouvernement une réglementation plus stricte ou un moratoire pour permettre un examen approfondi des données scientifiques et obtenir des réponses claires sur l'absence d'effet nocif sur la santé des humains. L'Association des agriculteurs réclame aussi un moratoire afin d'éviter de lourdes pertes économiques liées au refus de ces produits sur des marchés comme celui de la Communauté européenne. De son côté, le consommateur souhaite un étiquetage obligatoire. Or, le gouvernement a mis sur pied un Comité sur l'étiquetage volontaire, ce qui n'avance pas tellement les choses à court terme.

La situation est complexe, mais non incontournable, puisque toutes les plantes ayant reçu le feu vert du gouvernement (maïs, canola, soya, courge, lin, pomme de terre et tomate) ne sont pas nécessairement génétiquement modifiées. De fait, la production totale des plantes OGM a chuté d'au moins 20 % depuis quelques années, et seulement 30 % du soya produit au Canada est génétiquement modifié. De plus, le soya présent dans les boissons, le tofu, les poudres de protéines ou autres produits n'est pas nécessairement génétiquement modifié. Il peut ne pas avoir subi de modification génétique ou être cultivé selon les critères de l'agriculture biologique. Vous pouvez vous-mêmes repérer le soya qui n'est pas génétiquement modifié quand il est certifié bio ou organique par un organisme accrédité — CAQ, OCIA, Garanti BIO, Québec Vrai, FVO, OGBA, QAI Inc. — ou lorsque l'étiquette mentionne clairement l'absence de OGM.

12. Liste de produits à base de soya et tofu sans OGM

Alegria
Fettuccines, macaronis et spaghettis au soya ;
Eden Foods
Fèves soya noire (en conserve) ;
Eden Foods (boisson de soya)
Edensoy caroube, original ou vanille ;
EdensoyExtra ;
Eden Blend (riz et soya) ;
Koyo
Tamari bio sans blé ;
Japonais biologique ;
La Soyarie
Tofu régulier ou aux herbes ;
Nature's Path (céréales)
Soya Plus Granola ou Optimum ;
Provamel
Crème-dessert au chocolat, au moka ou aux noisettes ;
Boisson de soya bio amandes, céréales, chocolat, enrichie, vanille ou sans sucre ;
Soleil d'or
Huile de soya ;
So Nice (boisson de soya)
Naturelle ou originale ;
À la vanille, au chocolat ou au moka ;
SoSoya
Fèves soya grillées ;
Soy Delicious (desserts glacés bio)
Sunrise (tofu soyeux)
Tofu ferme, extra-ferme ou mou ;
Tofu aux herbes ;
Tofu dessert ;
Dessert aux amandes ;
Yves Veggie Cuisine
Similiviandes ;
Yves Veggie Cuisine
Similifromage tranché à saveur du Québec, à saveur des Alpes, à saveur italienne ou Jalapeño-Jack.

CHAPITRE 5

Le tofu,
ce mal aimé

Même si le tofu est plus populaire qu'il y a 10 ans, il reste encore méconnu, mal aimé, et même souvent ridiculisé. Il repousse carrément certaines personnes, et surtout les hommes ! Nous ne pouvons nier son problème d'image, mais nous sommes plutôt attirées par son dossier nutritionnel intéressant et sa diversité d'emploi.

Les deux types de tofu

Le tofu **régulier** a l'apparence d'un fromage blanc plus ou moins ferme et il est fabriqué avec des fèves soya qui ont été cuites, puis broyées. Le lait qui en est extrait coagule sous l'effet de sels de calcium ou de magnésium, puis on égoutte le produit qui en résulte et on le presse dans un moule. On a alors du tofu qui est plus ou moins ferme, selon qu'il a été plus ou moins pressé. Sa texture est spongieuse et granuleuse. Il s'achète en bloc ; il est prêt à manger ou à être incorporé dans une recette.

Une portion de **100 g (3 1/2 oz) fournit 15 grammes de protéines, soit autant que 250 ml (1 tasse) de légumineuses cuites ou que 125 ml (1/2 tasse) de fèves soya cuites.** S'il est préparé avec du sulfate de calcium, il peut fournir autant de calcium que 2 verres de lait. Il contient également 5 mg de fer, soit 2 1/2 fois plus que 100 g (3 1/2 oz) de bœuf haché maigre. Qui dit mieux ?

Le tofu **soyeux** dit *silken* ou de style japonais est totalement différent du tofu régulier par sa fabrication, sa texture et sa composition. Il est préparé avec un lait de soya plus épais auquel on a ajouté du lactone en plus de l'élément coagulant. Le lactone raffermit le tofu et évite l'étape de l'égouttage et du pressoir. Le tofu soyeux qui en résulte possède la consistance d'un yogourt ferme ou d'une crème caramel. Sa texture soyeuse permet une foule de préparations culinaires du genre mousse, lait fouetté ou crème. Une portion de 170 g (6 oz) fournit 13 grammes de protéines, soit presque autant que 125 ml (1/2 tasse) de fèves soya cuites. Il contient moins de calcium et de fer que le tofu régulier, mais plus d'isoflavones (voir Tableau 11, p. 65).

Quel tofu choisir et comment le conserver ?

Le tofu frais, non emballé, présenté dans un bac d'eau fraîche au frigo et vendu au poids reste encore la crème de la crème ! Offert dans certains magasins d'aliments naturels ou dans des épiceries asiatiques, ce tofu est le plus savoureux des tofus réguliers et le plus périssable. Au Japon, on l'utilise le jour même. Il se conserve au frigo, dans un récipient d'eau sur lequel on met un couvercle. Si vous l'utilisez dans les 24 heures, vous n'avez pas besoin de changer l'eau du récipient, mais si vous le conservez plus longtemps, renouvelez l'eau tous les jours et bien couvrir le contenant. Ce type de tofu peut se conserver jusqu'à 10 jours. Utilisez votre odorat pour vérifier la fraîcheur du tofu. Un tofu frais dégage une odeur subtile plutôt sucrée, tirant sur les noix ; un tofu périmé a une odeur désagréable.

Les tofus réguliers emballés et scellés hermétiquement regroupent la majorité des tofus offerts à l'heure actuelle. Ils se vendent en général en format de 454 g (1 lb) dans les comptoirs réfrigérés des supermarchés ou des magasins d'aliments naturels ; leur étiquette porte une date de péremption. Généralement, ces tofus se conservent emballés quelques semaines ; par contre, lorsque le contenant est ouvert, vous devez égoutter le tofu de l'eau contenue dans l'emballage, recouvrir le tofu d'eau fraîche, couvrir le contenant et réfrigérer de nouveau. De cette manière, le tofu se conserve jusqu'à une semaine.

Vous pouvez rafraîchir ou raffermir un tofu qui semble moins frais en le laissant mijoter de 3 à 5 minutes dans l'eau bouillante salée : utilisez 1,5 litre (6 tasses) d'eau et 5 ml (1 c. à thé) de sel. Égouttez ensuite le tofu sur un papier ou sur une serviette pendant 30 minutes.

Vous pouvez congeler le tofu, mais son apparence et sa texture en souffriront, car la congélation en accentue le côté spongieux et granuleux. Vous le ferez décongeler à la vapeur, dans son emballage.

Les tofus soyeux peuvent être **mous**, **fermes** ou **extra-fermes** et ils sont offerts sous deux formes :

- dans un emballage aseptique cartonné qui porte une date de péremption allant jusqu'à 6 mois et plus. Ces tofus n'ont pas besoin d'être réfrigérés tant qu'ils ne sont pas ouverts. Lorsqu'ils sont ouverts, ils se conservent au frigo dans leur contenant refermé, de 2 à 3 jours. Il est plus facile de les trouver dans les magasins d'aliments naturels, mais certains supermarchés en vendent ;

- dans un emballage scellé, conservé au comptoir réfrigéré des supermarchés et des magasins d'aliments naturels. Leur contenant porte une date de péremption qui indique une durée de conservation d'environ quelques semaines, un peu comme les yogourts. Une fois ouvert, ce tofu soyeux doit être égoutté et conservé dans son contenant fermé de 2 à 3 jours au frigo.

Le tofu soyeux est idéal dans les sauces, les trempettes, les desserts crémeux, les boissons fouettées et les plats en casserole. De tous les tofus, c'est celui qui se camoufle le mieux. Il permet d'introduire le tofu en douceur dans la cuisine de tous les jours.

Le **tofu frit** appelé aussi *age*, que l'on trouve dans les épiceries asiatiques, est emballé en paquet de 12 morceaux et il est vendu réfrigéré ou surgelé. De couleur dorée, il possède une texture spongieuse ainsi qu'une saveur plus relevée. Avant de l'ajouter aux recettes, on le coupe en lanières, puis on l'ébouillante pour enlever l'huile de friture. Ce tofu se conserve au frigo dans son emballage, sans qu'on ait besoin d'y ajouter de l'eau.

Quelques compléments qui font la différence

L'ail, le gingembre, les oignons verts, la sauce tamari ou soya, le vinaigre de riz ou de cidre, la mélasse et l'huile de sésame sont tous des aliments qui se marient à merveille avec le tofu. Ils donnent ainsi du piquant à un aliment qui, lorsqu'il est seul, est plutôt sobre. Vous pouvez les utiliser dans une marinade ou pendant la cuisson.

Une **Marinade au tofu** toute simple et tout usage qui ajoute du piquant à des cubes ou à des tranches de tofu : 125 ml (1/2 tasse) de sauce tamari légère, 30 ml (2 c. à soupe) d'huile de sésame, la même quantité de vinaigre de riz ou de cidre, 15 ml (1 c. à soupe) de gingembre frais, émincé et 1 gousse d'ail hachée. Laisser mariner le tofu environ 20 à 30 minutes. La marinade aura eu le temps de donner de la couleur et de la saveur au tofu.

Les multiples usages du tofu

Les tofus réguliers frais ou préemballés conviennent aux soupes, aux plats cuisinés, aux plats sautés au poêlon et aux grillades. Voir les recettes contenues dans cet ouvrage.

Le tofu soyeux, quant à lui, peut être utilisé de diverses façons. Par exemple, pour accompagner un saumon grillé ou poché, fouetter au mélangeur 1/2 bloc de tofu soyeux mou avec un peu de yogourt nature et 15 ml (1 c. à soupe) d'huile d'olive extra-vierge, du zeste de citron, 15 ml (1 c. à soupe) de jus de citron, de l'aneth ou de l'estragon et 2 gousses d'ail hachées. On obtient alors une **Sauce crémeuse** et savoureuse.

Il est facile de préparer une mayonnaise à base de tofu et d'améliorer la qualité des gras à son menu. Un jour, LD a joué un tour à sa fille qui aimait un peu trop la mayonnaise. Elle a remplacé la mayonnaise en bocal que sa fille mangeait habituellement par une **Mayonnaise au tofu** qu'elle a versée dans le bocal de mayonnaise ; sa fille n'a pas remarqué la différence. Cette mayonnaise est simple à préparer et tellement bonne. Au mélangeur, fouetter 1/2 bloc de tofu soyeux ferme, 30 ml

(2 c. à soupe) de jus de citron et la même quantité d'huile d'olive extra-vierge, 10 ml (2 c. à thé) de moutarde de Dijon, 5 ml (1 c. à thé) de miel ainsi que du sel et du poivre, au goût. Se conserve au frigo quelques semaines. En plus, cette mayonnaise permet de réaliser une belle économie de gras, car 15 ml (1 c. à soupe) de mayonnaise au tofu renferment 2 grammes de gras, alors que la même quantité de mayonnaise ordinaire que l'on trouve dans le commerce en contient 11 grammes.

Dans une recette de muffin, on peut remplacer un œuf par du tofu soyeux fouetté. Fouetter 60 ml (1/4 tasse) de tofu soyeux et l'incorporer à la recette. Cette substitution ne change aucunement la saveur du muffin.

Une **Tartinade au tofu** que LD prépare aux cours de *Fine cuisine santé* et qui fait le bonheur de tout le monde, c'est un mélange de tofu soyeux ferme, soit 1/3 bloc de tofu, 30 ml (2 c. à soupe) de beurre de sésame (tahini), 10 ml (2 c. à thé) de beurre d'arachide naturel et 5 à 10 ml (1 à 2 c. à thé) de sirop d'érable, le tout fouetté au mélangeur. C'est particulièrement délicieux sur du pain de blé entier aux raisins.

CHAPITRE 6

Les légumineuses, ces incontournables

Les légumineuses, grandes vedettes d'un menu sans viande, sont largement méconnues au Québec, même si les fèves au lard et la soupe aux pois font partie de nos traditions culinaires depuis des siècles. Hélas, notre répertoire s'arrête là ou presque.

Or, vous connaissez peut-être mieux les légumineuses que vous ne le croyez. Pensez à toutes ces spécialités que vous trouvez dans les restaurants ethniques et qui mettent les légumineuses à l'honneur. Songez à la soupe minestrone d'Italie, à la salade de lentilles de France, à l'hoummos ou aux pois chiches rôtis du Liban, aux haricots rouges du Mexique, au ragoût de fèves noires du Brésil, au couscous aux pois chiches du Maroc et la liste pourrait s'allonger.

Vous avez tout intérêt à les utiliser davantage, car les légumineuses ont tout ce qu'il faut pour bien remplacer la viande et elles permettent d'adopter un menu quasi végétarien sans crainte de déficiences.

Mais qui sont-elles vraiment?

Les légumineuses, aussi appelées légumes secs, regroupent une grande famille d'environ 600 végétaux qui se répartissent en quatre catégories distinctes: les haricots ou les fèves, le soya, les lentilles et les arachides. Tout comme les petits pois verts que l'on peut acheter frais au mois de juillet, les légumineuses sont recouvertes d'une gousse. Mais contrairement aux petits pois, les légumineuses se mangent rarement à l'état frais. Elles se vendent généralement à l'état sec, se conservent longtemps, exigent habituellement un trempage avant la cuisson et une cuisson prolongée. Elles n'ont rien d'un aliment minute, sauf si on a recours à des légumineuses en conserve. Elles ont une valeur nutritive impressionnante, et même surprenante.

Voici les variétés de légumineuses que l'on trouve habituellement :

- parmi les haricots ou les fèves, il y en a des blancs (fèves au lard), des noirs, des rouges, des romains, des pinto, des doliques à œil noir, des haricots mungo, les adzuki, les lupins, les gourganes et les flageolets ;
- parmi les lentilles, il y a les vertes, les brunes, les petites du Puy et les rouges qui ne nécessitent que 15 minutes de cuisson ;
- parmi les pois, les plus connus sont ceux que l'on utilise dans la soupe aux pois. Il y également les pois chiches, les pois cassés jaunes ou verts et les pois pigeons ;
- la fève soya est unique en son genre, mais très polyvalente, puisqu'elle se trouve parfois à l'état frais sous le nom d'*edamame*, mais plus fréquemment à l'état sec, et très souvent dans le tofu, les boissons de soya et plusieurs autres produits.

Le contenu nutritionnel des légumineuses

Une bonne source de protéines : Lorsque vous décidez de manger un repas sans viande, vous pouvez le faire sans problème à condition d'y incorporer une dose adéquate de protéines, car — il est important d'insister là-dessus — un repas sans protéines ne peut être considéré comme un vrai repas.

À cet égard, les légumineuses fournissent plus de protéines que tous les autres aliments d'origine végétale et peuvent remplacer adéquatement la viande. Ainsi, **250 ml (1 tasse) de légumineuses cuites renferment autant de protéines que 60 g (2 oz) de viande, de volaille ou de poisson.**

Cette même quantité de légumineuses renferme trois à quatre fois plus de protéines qu'un bol de céréales sèches ou de riz brun ou que de pâtes alimentaires.

Comparativement à certains légumes réputés pour leur contenu en protéines, 250 ml (1 tasse) de légumineuses cuites renferment trois fois plus de protéines que la même quantité de brocoli ou de pomme de terre au four, et deux fois plus de protéines que les pois verts ou les haricots de Lima.

Ne comptez toutefois pas sur les germes de légumineuses pour obtenir beaucoup de protéines, car le processus de germination provoque une dilution importante du contenu en protéines, tout en augmentant le contenu en eau et en certaines vitamines. Par exemple, 250 ml (1 tasse) de haricots mungo cuits renferment 18 grammes de protéines, alors que la même quantité de haricots mungo *germés* n'en fournit que 3 grammes.

Quant à la fève soya, elle contient plus de protéines que toutes les autres légumineuses. Nous lui avons donc consacré un chapitre entier à cause d'une foule de particularités nutritionnelles (voir p. 53).

Un faible contenu en gras : Le gras inquiète tout le monde, et avec raison. Nous en mangeons en général trop, mais surtout trop de mauvais. Or, les légumineuses constituent un aliment naturellement très faible en gras et, comme l'ensemble des aliments d'origine végétale, elles ne renferment aucune trace de cholestérol.

Comparez, par exemple, le contenu en gras de légumineuses cuites à une petite portion de viande : 250 ml (1 tasse) de légumineuses cuites (lentilles, haricots blancs ou haricots rouges) ne fournissent que 1 gramme de gras, comparativement à 13 grammes dans la petite portion de bœuf haché dit maigre. Si vous faites la même comparaison avec 45 g (1 1/2 oz) de fromage ferme ordinaire, ce dernier fournit 11 grammes de gras. Et ce n'est pas tout. Le type de gras contenu dans ces aliments n'est pas le même. Le gras contenu dans le bœuf haché et le fromage ferme est particulièrement saturé et peut élever le taux de cholestérol sanguin, tandis que celui des légumineuses n'est pas saturé et contribue à baisser le taux de cholestérol.

13. Contenu en gras des légumineuses

portion cuite de 250 ml (1 tasse)
valeurs données en grammes

Aliment	Gras total	Monoinsaturés	Polyinsaturés	Saturés
Fèves soya	16	3,6	9,2	2,4
Pois chiches	4	1,0	2,0	0,5
Haricots pinto	1	0,2	0,3	0,2
Pois cassés	1	0,2	0,3	0,1
Doliques à œil noir	1	0,1	0,6	0,3
Haricots mungo	1	0,1	0,5	0,5
Haricots rouges	1	0,1	0,5	0,1
Lentilles vertes ou brunes	1	0,1	0,4	0,1
Haricots noirs	1	0,1	0,4	0,3
Haricots blancs	1	0,1	0,3	0,2
Haricots de Lima	1	0,04	0,4	0,2

14. Contenu en gras des aliments de source animale

portion de 90 g (3 oz)
valeurs données en grammes

Aliment	Gras total	Monoinsaturés	Polyinsaturés	Saturés
Cheddar	30	8,5	0,8	19,0
Mozzarella	25	7,0	0,8	15,6
Camembert	22	6,3	0,6	13,7
Bœuf haché maigre, cuit	13	5,6	0,5	5,1
Cuisse de poulet sans peau, cuite	8	2,7	1,8	2,1
Cubes de veau, cuits	4	1,3	0,4	1,2
Foie de porc, cuit	4	0,6	0,9	1,3

Une richesse en minéraux : À des degrés divers, les légumineuses sont de véritables petits entrepôts de minéraux. Elles contiennent des quantités appréciables de fer, de magnésium, de zinc, de potassium, de calcium, de manganèse et de cuivre et peuvent rivaliser avec la viande qui fournit aussi sa part de minéraux.

Au chapitre du **fer,** 250 ml (1 tasse) de légumineuses cuites fournissent de 5 à 8 mg de fer, soit autant qu'une portion de foie de veau — réputé pour sa richesse en fer — et 3 fois plus qu'une portion de bœuf. Pour bien absorber ce fer d'origine végétale, on doit toutefois y associer au même repas un fruit ou un légume riche en vitamine C (voir p. 38).

Au chapitre du **magnésium,** minéral excessivement intéressant pour la détente musculaire, les légumineuses sont championnes : 250 ml (1 tasse) de légumineuses cuites fournissent en moyenne 200 mg de magnésium, soit autant qu'un bol de céréales de son ou 80 ml (1/3 tasse) de germe de blé — deux aliments réputés pour leur richesse en magnésium.

Au chapitre du **zinc,** élément essentiel à la croissance et favorable, entre autres, à une bonne cicatrisation, les légumineuses ont un contenu intéressant. Ainsi, 250 ml (1 tasse) de légumineuses cuites fournissent deux fois plus de zinc qu'une portion de poulet ou de sardines.

Au chapitre du **potassium,** élément si important pour maintenir une pression artérielle normale, les légumineuses en sont une excellente source. Ainsi, 250 ml (1 tasse) de légumineuses cuites fournissent en moyenne 700 mg de potassium, soit autant que 1/2 banane, plus que 2 oranges et autant qu'un bol de pruneaux — aliments réputés pour leur contenu en potassium.

15. Contenu en minéraux des légumineuses

portion cuite de 250 ml (1 tasse)
valeurs données en mg

Aliment	Calcium	Magnésium	Potassium	Fer	Zinc
Doliques à œil noir	51	71	436	4	2
Fèves soya	185	156	936	9	2
Haricots blancs	202	141	1257	8	3
Haricots de Lima	73	89	705	4	2
Haricots mungo	53	63	231	2	1
Haricots noirs	49	127	645	4	2
Haricots pinto	87	99	846	5	2
Haricots rouges	123	90	784	6	2
Lentilles vertes ou brunes	40	75	772	7	3
Pois cassés	29	75	750	3	2
Pois chiches	81	74	436	5	3

Une source importante de fibres alimentaires : Les fibres alimentaires ne se trouvent que dans des aliments du règne végétal et sont présentes en grande quantité dans les légumineuses. Elles contribuent à l'état de satiété, facilitent le travail intestinal et peuvent même abaisser le taux de cholestérol sanguin.

Or, 250 ml (1 tasse) de légumineuses cuites fournissent entre 6 et 10 grammes de fibres, soit autant que 2 pommes crues mangées avec la pelure, 2 bols de fraises fraîches ou encore 4 à 5 tranches de pain de grains entiers, ce qui n'est pas peu dire !

16. Contenu en fibres de différents végétaux, y compris les légumineuses

portion de 250 ml (1 tasse), sauf indication contraire
valeurs données en grammes

Produit	Total des fibres	Fibres insolubles	Fibres solubles
Légumineuses			
Haricots rouges	17	11	6
Doliques à œil noir	17	5	12
Haricots de Lima	14	7	7
Haricots noirs	13	8	5
Haricots blancs	13	7	6
Gourganes	11	9	2
Lentilles vertes ou brunes	9	8	1
Pois chiches	8	6	2
Pois cassés	6	5	1
Légumes cuits et fruits			
Pois verts	11	9	2
Choux de Bruxelles	10	3	7
Panais, en tranches	7	5	2
Macédoine de légumes	7	4	3
Framboises	6	1	5
Épinards frais	5	4	1
Brocoli	5	3	2
Pois mange-tout	5	3	2
Carotte	5	2	3
Maïs sucré	4	3	1
Bleuets	4	3	1
Betterave	4	2	2
Fraises	4	2	2
Mangue (1 moyenne)	4	2	2
Haricots jaunes ou verts	3	2	1
Carotte crue, râpée	3	1	2
Pomme de terre au four (1 moyenne)	3	1	2
Dattes (3 ou 4)	3	1	2
Banane (1 moyenne)	2	1	1

16. Contenu en fibres des différents végétaux… (suite) *portion de 100 g (3 1/2 oz)* *valeurs données en grammes*			
Produit	Total des fibres	Fibres insolubles	Fibres solubles
Graines et noix			
Graines de lin	39	19	20
Amandes entières	15	14	1
Pistaches	10,3	10	0,3
Graines de sésame	11	8	3
Noisettes	8,4	8	0,4
Noix du Brésil ou de Grenoble	6	5	1
Grains entiers			
Germe de blé	18	14	4
Orge mondé, cuit	5	3	2
Millet cuit	4	2,5	1,5
Riz brun, cuit	2	1	1

Une excellente source d'acide folique : L'acide folique est l'une des vitamines vedettes des dernières années, car il peut contribuer à réduire les risques de spina-bifida — maladie congénitale que l'on peut prévenir avant la grossesse par une alimentation riche en acide folique — et il a la capacité de limiter le taux d'homocystéine dans les artères — composé qui est associé au blocage des artères. Le contenu en acide folique de notre alimentation actuelle est souvent insuffisant. Or, les légumineuses, particulièrement les lentilles, en constituent l'une des meilleures sources !

Une quantité de 250 ml (1 tasse) de lentilles cuites fournit 378 µg d'acide folique, ce qui équivaut au contenu d'une portion de foie de veau, aliment réputé pour sa richesse en acide folique.

17. Contenu en acide folique des légumineuses	
portion cuite de 250 ml (1 tasse) *valeurs données en µg*	
Lentilles vertes ou brunes	378
Haricots pinto	311
Haricots noirs	270
Haricots blancs	269

Apport nutritionnel recommandé par le National Academy of Sciences (NAS) en 2001 : 400 µg/jour.

Un index glycémique très bas : Les légumineuses ne renferment pas que des protéines, des vitamines, des minéraux et des fibres. Elles sont également considérées comme un aliment riche en glucides, communément appelés féculents. Or, contrairement à plusieurs autres glucides ou féculents comme le pain, le riz ou la pomme de terre, les légumineuses ont un index glycémique très bas, c'est-à-dire qu'elles ne suscitent pas d'élévation rapide du taux de sucre dans le sang. L'index glycémique a fait l'objet de recherches fort intéressantes à l'Université de Toronto et en Australie avant d'être popularisé et malmené par Montignac.

L'attrait d'un aliment ayant un index glycémique bas est de ménager le pancréas en n'exigeant qu'une petite dose d'insuline. Ainsi, les légumineuses ont un index glycémique qui se situe entre 30 et 45, ce qui est beaucoup plus faible que celui du pain ou même des pâtes.

Les légumineuses en conserve renferment autant de protéines que les légumineuses cuites à la maison, mais elles ont un index glycémique légèrement plus élevé. La mise en conserve exige des températures beaucoup plus hautes, et cela affecte l'index glycémique. Mais celui-ci demeure quand même inférieur à celui du pain, des pâtes et du riz.

L'achat

Il s'agit donc de faire un choix entre les légumineuses sèches non cuites que vous devez faire cuire et les légumineuses cuites, en conserve, qui sont prêtes à servir. Si vous optez pour la cuisson maison, c'est plus long, mais cela donne un très bon résultat. Que les légumineuses soient offertes en vrac ou emballées, choisissez toujours des haricots, des lentilles ou des pois secs qui ont une apparence brillante, lisse et uniforme. Les légumineuses trop sèches ou déjà brisées sont plus friables et prennent plus de temps à cuire.

Pour un plus grand choix, visitez les magasins d'aliments naturels et les épiceries du Proche-Orient ou indiennes, car ceux-ci offrent habituellement plus de variétés que les supermarchés. Quand il y a un bon achalandage, les produits sont généralement frais.

Les légumineuses **en conserve**, se vendent en formats de 540 ml (19 oz) et de 398 ml (14 oz). On les trouve aussi parfois en formats de 227 ml (8 oz) munis d'un couvercle qui ne requiert pas d'ouvre-boîte. Elles sont en général conservées dans une eau salée mais, depuis quelques années, certaines salades de légumineuses sont offertes marinées dans une vinaigrette à l'huile d'olive, au vinaigre de vin, au jus de citron, aux épices et aux herbes.

L'entreposage après l'achat

Les légumineuses **sèches** se conservent très longtemps dans un endroit frais, soit à moins de 21 °C (70 °F), dans un contenant hermétique ou dans un bocal de verre. Il est tout de même préférable de les utiliser dans les 12 mois suivant l'achat.

Le mode de préparation

Même si l'opération s'étend sur plusieurs heures, la préparation demeure ultra-simple ! Avant la cuisson ou le trempage, laver les haricots, les lentilles ou les pois secs à l'eau fraîche et les trier afin d'éliminer les spécimens cassés, les petites roches et les brins de paille qui s'y glissent parfois.

Il n'est pas nécessaire de faire tremper toutes les légumineuses. Vous n'avez pas besoin de faire tremper les lentilles et les pois cassés jaunes ou verts. Le trempage est par ailleurs essentiel pour toutes les autres. Il réduit le temps de cuisson et permet d'éliminer les fèves trop sèches qui remontent à la surface de l'eau.

Le trempage

La méthode conventionnelle : Dans un grand bol, ajoutez environ 1 litre (4 tasses) d'eau fraîche pour chaque 250 ml (1 tasse) de légumineuses sèches. Laissez tremper toute la nuit ou de 10 à 12 heures à température de la pièce. Si la température ambiante est trop chaude, placez au frigo pour prévenir la fermentation qui dégage une odeur de levure.

La méthode rapide : Dans une grande casserole, ajoutez 750 ml (3 tasses) d'eau fraîche à 250 ml (1 tasse) de légumineuses sèches. Amenez à ébullition et laissez bouillir de 1 à 2 minutes. Retirez du feu, couvrez et laissez reposer pendant une heure. Jetez l'eau de trempage et faites cuire. Quand on utilise ce procédé, les légumineuses absorbent autant d'eau en une heure qu'en une nuit.

La méthode au four à micro-ondes : Dans un grand bol allant au four à micro-ondes, ajoutez 1 litre (4 tasses) d'eau fraîche à 250 ml (1 tasse) de légumineuses sèches. Couvrez et faites cuire 15 minutes à haute intensité ou jusqu'à ébullition, puis laissez reposer au four pendant une heure. Jetez l'eau de trempage et terminez la cuisson.

La cuisson

Ici aussi, il existe plusieurs possibilités : la cuisson sur la cuisinière, la cuisson au four, la cuisson à l'autocuiseur et la cuisson lente à la mijoteuse.

Quel que soit le mode de cuisson utilisé, une légumineuse cuite à point s'écrase facilement à la fourchette. Contrairement à la mode des légumes croquants ou des pâtes al dente, vous augmentez la digestibilité des légumineuses en les faisant bien cuire et vous réduisez les problèmes de flatulence.

L'altitude, la dureté de l'eau et des haricots trop vieux augmentent la durée de la cuisson, alors que la grosseur de la légumineuse n'influence pas la durée de cuisson.

Pour la cuisson, sauf celle à l'autocuiseur, couvrez les légumineuses d'eau fraîche, portez à grande ébullition et laissez bouillir 10 minutes, écumez, puis ajoutez les assaisonnements comme les oignons, l'ail, la sauge et les carottes, selon la recette. N'ajoutez jamais de sel en début de cuisson, car celui-ci allonge le temps de cuisson et retarde l'attendrissement des fèves. Attendez plutôt une heure, puis ajoutez le sel seulement quand les légumineuses sont légèrement attendries. Il en va de même pour les aliments acides comme les tomates, le vin, le vinaigre et le jus de citron. Par contre, les lentilles et les pois font exception à la règle et bénéficient du sel ajouté en début de cuisson.

La cuisson au four à micro-ondes ne permet pas vraiment d'épargner du temps de cuisson, car vous devez remuer les légumineuses toutes les 15 minutes et changer souvent l'intensité de chaleur.

18. Temps de cuisson des légumineuses

portion de 250 ml (1 tasse)

Légumineuses	Trempage essentiel	Cuisson
Lentilles rouges	non	20 à 35 min
Lentilles vertes ou brunes	non	45 min à 1 h
Pois cassés	non	45 à 60 min
Doliques à œil noir	oui	40 à 60 min
Fèves de Lima (grosses)	oui	1 h 30
Fèves de Lima (petites)	oui	45 min à 1 h 15
Fèves romaines	oui	1 à 1 h 30
Fèves soya	oui	3 h
Flageolets	oui	1 h
Haricots blancs	oui	1 h 30
Haricots cannellini	oui	1 à 1 h 30
Haricots mungo	oui	1 à 1 h 30
Haricots noirs	oui	1 h 30
Haricots pinto	oui	1 à 1 h 30
Haricots rouges	oui	1 h
Pois chiches	oui	2 h 30 à 3 h

Note : Une quantité de 250 ml (1 tasse) de légumineuses double habituellement à la cuisson.

L'assaisonnement qui rehausse la saveur

Certains condiments se marient à merveille avec toutes les légumineuses et rehaussent leur saveur. Pour 250 ml (1 tasse) de légumineuses trempées, vous ajoutez à l'eau de cuisson 2 feuilles de laurier, 1 petit oignon coupé en quartiers, quelques brins de persil, une gousse d'ail tranchée et 5 ml (1 c. à thé) d'huile d'olive extra-vierge.

La question de la flatulence

Plus on mange de légumineuses, moins on a de flatulence et moins on a de gaz. Mais avant de parvenir à cet état de grâce… il y a moyen de réduire ou de prévenir la flatulence en suivant quelques mesures assez simples :

- rincez les légumineuses avant le trempage, changez l'eau de trempage à deux ou trois reprises durant les 12 heures de trempage et jetez l'eau de trempage avant la cuisson ;
- faites cuire les légumineuses suffisamment jusqu'à ce qu'elles s'écrasent très facilement à la fourchette ;
- mettez les légumineuses cuites au robot, puis réduisez-les en purée ; vous pouvez alors les manger en potage ou en purée-mousse ;
- faites vos premiers essais avec de petites quantités, peut-être 80 ml (1/3 tasse) pour commencer, puis vérifiez votre réaction. Laissez votre organisme s'habituer graduellement en ne prenant qu'un repas de légumineuses par semaine ;
- résistez à l'ajout de sucre dans une recette de légumineuses, car il favorise la fermentation ; pensez au concert de gaz que suscitent les fameuses fèves au lard pleines de mélasse… ;
- évitez le dessert sucré ou même des fruits secs au même repas, car le mélange de légumineuses et de sucre favorise la fermentation à coup sûr ;
- essayez l'enzyme alpha galactosidase vendue sous le nom de Beano en comprimés ou en gouttes, dans les pharmacies ou les magasins d'aliments naturels. En prenant le comprimé et quelques gouttes de l'enzyme avec la première bouchée de légumineuses, vous atténuerez la flatulence de beaucoup ;
- ajoutez un peu de cumin à votre recette ou encore prenez une infusion de cumin — 5 ml (1 c. à thé) de cumin en poudre pour 250 ml (1 tasse) d'eau chaude, le tout infusé 5 minutes — après votre repas de légumineuses. Cette épice a vraiment des pouvoirs anti-flatulence !

La conservation après la cuisson

Les légumineuses cuites se conservent au frigo quelques jours seulement. Lorsque vous les faites cuire vous-même, profitez-en pour en cuire une grande quantité. Après avoir utilisé ce dont vous avez besoin, congelez ce qui reste.

Une fois cuites et refroidies, les légumineuses se congèlent facilement dans des contenants de plastique ou des sacs à congélation, en petites quantités de 1 à 4 portions, selon vos besoins. Elles se conservent au congélateur jusqu'à 8 mois.

Pour les décongeler, placez les légumineuses dans une marguerite et réchauffez-les à la vapeur avant de les intégrer dans vos recettes.

■

Les légumineuses, même prêtes à servir, sont quasi indispensables dans un menu sans viande.

■

CHAPITRE 7

Les 25 menus et leurs recettes

L'alimentation végétarienne à temps partiel offre toute une gamme de possibilités. Vous pouvez préparer de bons repas de poisson ou de fruits de mer, de superbes lasagnes avec des légumes et des fromages frais, des pâtes sauce aux arachides, des flans aux légumes du marché, des quiches avec ou sans pâte, des omelettes aux fines herbes ainsi que plusieurs autres plats où les œufs et le fromage sont les principales sources de protéines. Ces plats font partie d'une alimentation saine et variée, mais ne devraient pas vous faire négliger les légumineuses et le tofu. Pour que vous ayez plus de facilité à cuisiner ces deux piliers de l'alimentation végétarienne, nous leur avons donné la vedette dans nos recettes.

Les 25 menus que nous vous proposons ont été conçus en tenant compte de différents aspects :

- la **simplicité.** Les repas proposés ne comportent ni entrée ni tout le tralala. Le plat principal est complété par une belle salade ou un légume cuit, et le dessert se résume à un ou deux fruits nature ou légèrement habillés ;
- la **rapidité.** Les ingrédients sont faciles à trouver, sinon nous donnons des solutions de rechange. Les menus se préparent presque tous en un clin d'œil. Ils sont avant tout conçus pour des personnes qui n'ont pas beaucoup de temps pour cuisiner ;
- la **découverte** et la **saveur.** Des ingrédients que vous connaissez peut-être moins comme le tofu, les doliques à œil noir, le cumin, le pak-choi et une foule d'autres vous feront faire de belles découvertes. Et parce que la saveur doit être à l'honneur du début à la fin du repas, nous faisons usage de plusieurs épices et d'herbes fraîches. Nous avons

d'ailleurs élaboré d'heureux mariages autour d'aliments qui ont la réputation d'être plutôt neutres ;
- la **santé.** Voilà bien la pierre angulaire de notre démarche ! Les vedettes de nos menus sont les légumineuses, le tofu, une multitude de beaux légumes, les grains entiers et les fruits de saison. Qui peut demander mieux ?

Tous les plats végétariens renferment la dose minimale de 15 grammes de protéines par portion. Et le menu complet fournit suffisamment de vitamine C, à condition de servir le légume ou le fruit suggéré ou un équivalent afin de favoriser l'absorption du fer.

Combien de repas de soya ou de légumineuses peut-on prendre par semaine ?

Le secret est de maintenir une variété d'aliments au menu. L'intérêt pour le tofu et les légumineuses est venu non seulement pour réduire la consommation de viande, mais pour enrichir le répertoire des recettes.

Si le cœur vous en dit, vous pouvez manger du soya tous les jours, qu'il s'agisse de plats préparés avec des fèves soya, du tofu ou de la boisson de soya. La même chose s'applique aux légumineuses. Un repas par jour de ce type d'aliments vous apporte de bonnes protéines et beaucoup de fer, deux éléments nutritifs qu'il faut toujours surveiller, surtout en l'absence de viande. Mais rappelez-vous les conseils du début : si, pour vous, ces aliments sont nouveaux, allez-y mollo au départ pour éviter les ennuis de flatulence.

Quelques conseils d'amis

Lorsque vous servez un repas de légumineuses ou de tofu :
- servez le plat d'une façon assurée, sans souligner la présence des ingrédients principaux, car certaines personnes sont réfractaires au changement. Rectifiez l'assaisonnement, soignez la présentation, ajoutez de jolis légumes bien colorés et évitez d'en faire la manchette du repas ;

- si vous faites vos débuts en cuisine végétarienne, commencez par servir des plats simples les soirs de semaine avant d'entreprendre un repas de gala sans viande ;
- si vous décidez de servir un plat végétarien un soir de fête, essayez le Gâteau de crêpes (voir p. 119) et vous serez ravis des réactions. Ce plat est superbe et savoureux, et tout le monde vous en demandera la recette.
- pour avoir d'autres bonnes idées de repas sans viande, consultez la rubrique Quelques bonnes références culinaires, p. 223.

> J'ai la chance d'avoir de bons amis végétariens qui me permettent d'essayer de belles recettes sans viande chaque fois que je les reçois. Dans ce cas-là, je choisis des recettes végétariennes plus élaborées que je n'ai pas envie de préparer pour seulement 2 personnes.
>
> *LLL*

Les types de tofu utilisés dans les recettes :
- le tofu **soyeux** qui est aussi appelé tofu de type japonais. Ce tofu à texture fine peut facilement se mettre en crème. On le trouve sous trois formes — **mou, ferme** ou **extra-ferme** — dans les magasins d'aliments naturels ainsi que dans certains supermarchés et certaines fruiteries. Les marques les plus fréquemment offertes sont : Mori-Nu, Kikkoman et Sunrise ;
- le tofu **régulier** qui est aussi appelé tofu traditionnel. Ce tofu à texture plus granuleuse se vend partout dans les comptoirs réfrigérés des marchés d'alimentation. Les marques les plus fréquemment offertes sont : La Soyarie, Nutrisoya, Unisoya et Liberté.

À propos des légumineuses :
- quand il est question de légumineuses dans les recettes, vous pouvez utiliser des légumineuses que vous faites cuire à la maison ou des légumineuses en conserve ;
- les lentilles, de leur côté, ne requièrent pas de trempage et se cuisent assez rapidement. Elles sont plus savoureuses quand on les fait cuire à la maison.

MENU 1

*Un menu qui se prépare en moins de 20 minutes
et qui nourrit à point !*

Haricots blancs aux champignons
Salade de verdures, vinaigrette à l'huile d'olive
Pain de seigle
Tranches d'orange arrosées d'un coulis de fraises

Haricots blancs aux champignons

3 portions

2 gousses d'ail pressées
1 petit oignon, haché finement
5 ml (1 c. à thé) d'origan séché
15 ml (1 c. à soupe) d'huile d'olive
227 g (1/2 lb) de champignons frais, tranchés
540 ml (19 oz) de haricots blancs en conserve, égouttés
Le jus d'un citron
Poivre fraîchement moulu
Persil frais, haché finement

Valeur nutritive d'une portion	
Calories :	267
Protéines :	16 g
Gras total :	5,5 g
Gras monoinsaturés :	3,4 g
Gras polyinsaturés :	0,8 g
Gras saturés :	0,8 g
Fibres :	10 g
Calcium :	150 mg
Fer :	6,6 mg
Magnésium :	101 mg
Potassium :	1 146 mg
Acide folique :	140 µg
Vitamine C :	19 mg

Faire sauter l'ail, l'oignon et l'origan dans l'huile d'olive pendant 3 minutes ou jusqu'à ce que l'oignon soit transparent.

Incorporer les champignons et les faire sauter jusqu'à ce qu'ils soient cuits. Ajouter les haricots blancs et le jus de citron. Assaisonner et cuire pendant 5 minutes pour que les saveurs se marient bien. Retirer du feu et laisser tiédir. Servir tiède et garnir de persil frais.

MENU 2

Le tofu est si bien camouflé qu'il déjoue les plus rusés !
Couleurs et saveurs agrémentent ce repas.

Pizza au tofu et au gingembre

Salade d'épinards, oignon rouge et champignons

Cantaloup parfumé à la fleur d'oranger*

*Vous pouvez trouver de l'eau de fleur d'oranger dans les magasins d'aliments naturels ou dans les épiceries fines.

Pizza au tofu et au gingembre

2 portions

60 ml (1/4 tasse) de sauce à pizza ou de sauce tomate
2 petites croûtes minces à pizza de 20 x 20 cm (8 x 8 po) ou
pains pita de blé entier
60 ml (1/4 tasse) de gingembre en pot (gingembre à sushi)
24 rondelles de pepperoni au soya
(que l'on trouve dans le commerce)
30 ml (2 c. à soupe) de tomates séchées,
dans l'huile, finement hachées
125 ml (1/2 tasse) de cheddar râpé
5 ml (1 c. à thé) de basilic séché

Valeur nutritive d'une portion	
Calories :	335
Protéines :	24 g
Gras total :	12 g
Gras monoinsaturés :	2,5 g
Gras polyinsaturés :	1 g
Gras saturés :	8 g
Fibres :	5 g
Calcium :	254 mg
Fer :	5 mg
Magnésium :	65 mg
Potassium :	400 mg
Acide folique :	25 µg
Vitamine C :	4 mg

Préchauffer le four à 190 °C (375 °F). Répartir la sauce à pizza sur les deux croûtes ou sur les pains pita.

Répartir le gingembre, les rondelles de pepperoni au soya et les tomates séchées sur les deux croûtes. Garnir de fromage râpé et de basilic. Faire cuire au four pendant 10 minutes. Terminer la cuisson en passant la pizza sous le gril du four pendant 2 minutes.

Variantes de pizza végétarienne

Sauce tomate
Fromage de chèvre
Aneth frais
   ou autre herbe fraîche
Filet d'huile d'olive
	Pesto
	Cœurs d'artichaut marinés
	Fines tranches
	   d'aubergine grillée
	Mozzarella

Sauce tomate Poivrons rouges grillés Olives noires Fromage feta râpé Câpres (facultatif)	Salsa Haricots rouges ou noirs, cuits Cheddar fort Oignons verts, hachés
Sauce à pizza Mini cubes de tofu marinés (huile, vinaigre et ail) Poivrons et champignons Fromage au goût	Tomates fraîches Oignon rouge finement haché Basilic frais Filet d'huile d'olive Parmesan

Menu 3

*Des saveurs à faire craquer
les plus réfractaires au tofu.*

*Vous pouvez utiliser du tofu régulier ou
du tofu soyeux extra-ferme, les deux s'emploient avec succès.*

Pointes de tofu parfumées au miel, à la moutarde et au miso
Riz brun garni d'amandes grillées
Salade de poivrons rouges
Mangue nature

Pointes de tofu parfumées au miel, à la moutarde et au miso

4 portions

1 bloc de 454 g (1 lb) de tofu* régulier, très bien égoutté
15 ml (1 c. à soupe) de miso**
30 ml (2 c. à soupe) de moutarde de Dijon
30 ml (2 c. à soupe) de sauce tamari légère ou de sauce soya légère
15 ml (1 c. à soupe) de miel
15 ml (1 c. à soupe) d'huile de sésame pressée à froid

Valeur nutritive d'une portion	
Calories :	156
Protéines :	15 g
Gras total :	10 g
Gras monoinsaturés :	2,9 g
Gras polyinsaturés :	5 g
Gras saturés :	1,4 g
Fibres :	1,7 g
Calcium :	135 mg
Fer :	6 mg
Magnésium :	121 mg
Potassium :	177 mg
Acide folique :	20 µg
Vitamine C :	—

Couper le tofu en tranches de 1,2 cm (1/2 po). Couper ensuite chacune des tranches en diagonale de manière à former des triangles.

Dans un bol, mélanger à la fourchette le miso, la moutarde, la sauce tamari ou soya, le miel et l'huile de sésame jusqu'à consistance lisse. Verser la préparation dans une assiette creuse et y tremper les pointes de tofu pour bien les enrober.

Recouvrir une plaque à biscuits d'un papier d'aluminium et y disposer les pointes de tofu.

*Si vous utilisez du tofu soyeux, extra-ferme, utilisez-en 2 blocs de 349 g (12,3 oz). Placez alors chaque bloc de tofu entre deux petites planches à découper ou entre deux assiettes et pressez-le fermement pour en extraire le plus de liquide possible. Répétez l'opération jusqu'à ce que le tofu soit le plus sec possible.
**Si vous n'avez pas de miso, augmentez la quantité de sauce tamari de 5 ml (1 c. à thé).

Placer la grille du four à une distance de 13 à 15 cm (5 à 6 po) de l'élément chauffant supérieur et y déposer la plaque. Faire cuire sous le gril pendant 3 à 5 minutes, retourner les pointes de tofu et les faire griller de l'autre côté jusqu'à ce qu'elles soient bien dorées.

Retirer du four et laisser reposer quelques minutes avant de servir.

Menu 4

Les lentilles de Suzanne, une version nouvelle et personnalisée d'un fameux plat libanais.

On y remplace le riz blanc par le riz sauvage !

Les lentilles de Suzanne

Brocoli tiède, vinaigrette à l'orange

Barquette* d'ananas frais

*Pour faire une barquette, prenez un ananas frais entier et coupez-le en 4 ou 6 sections dans le sens de la longueur. Retirez la partie du centre qui est plus fibreuse, puis découpez la chair en petits cubes.

Les lentilles de Suzanne

4 portions

125 ml (1/2 tasse) de riz sauvage
15 ml (1 c. à soupe) d'huile d'olive extra-vierge
1 gros oignon ou 2 petits, hachés finement
3 gousses d'ail pressées
15 ml (1 c. à soupe) de poudre de cari
250 ml (1 tasse) de lentilles vertes ou du Puy
125 ml (1/2 tasse) d'orzo*
1 litre (4 tasses) de bouillon de légumes
2 ml (1/2 c. à thé) de thym séché

Valeur nutritive d'une portion	
Calories :	397
Protéines :	20 g
Gras total :	6 g
Gras monoinsaturés :	2,7 g
Gras polyinsaturés :	0,8 g
Gras saturés :	0,6 g
Fibres :	8 g
Calcium :	49 mg
Fer :	6,3 mg
Magnésium :	85 mg
Potassium :	670 mg
Acide folique :	270 µg
Vitamine C :	5 mg

Faire tremper le riz sauvage dans un bol pendant toute une nuit à la température de la pièce.

Dans une grande casserole, faire chauffer l'huile à feu doux et y faire dorer l'oignon et l'ail. Ajouter le cari, les lentilles et l'orzo.

Égoutter le riz sauvage, puis l'incorporer au mélange au cari. Verser le bouillon de légumes et amener à ébullition. Couvrir et laisser mijoter à feu doux pendant 45 minutes ou jusqu'à ce que les lentilles soient tendres, mais non défaites. Ajouter du bouillon pendant la cuisson, si nécessaire.

Saupoudrer de thym et servir avec une salade de verdures ou un légume vert.

*L'orzo est un genre de petites pâtes qui ressemblent à du riz à grains longs. Si vous n'en trouvez pas, remplacez l'orzo par de l'orge mondé.

MENU 5

Un repas savoureux qui sent la Méditerranée
et qui se sert en un clin d'œil.

Soupe minestrone minute aux pois chiches
Pain de grains entiers
Duo de poivrons rouge et vert, en salade
Mousse aux fraises

Soupe minestrone minute aux pois chiches

4 portions

15 ml (1 c. à soupe) d'huile d'olive
1 oignon haché
15 ml (1 c. à soupe) d'ail haché finement
1 tomate hachée
15 ml (1 c. à soupe) de pâte de tomate
500 ml (2 tasses) de pois chiches* cuits ou en conserve
750 ml (3 tasses) de bouillon de légumes
180 ml (3/4 tasse) de petites pâtes alimentaires de blé entier
10 ml (2 c. à thé) de basilic séché
5 ml (1 c. à thé) d'origan séché
60 ml (1/4 tasse) de persil frais, haché
Sel et poivre au goût
60 ml (1/4 tasse) de parmesan fraîchement râpé

Valeur nutritive d'une portion	
Calories :	297
Protéines :	15 g
Gras total :	8,6 g
Gras monoinsaturés :	3,6 g
Gras polyinsaturés :	1,5 g
Gras saturés :	1,8 g
Fibres :	7 g
Calcium :	159 mg
Fer :	4 mg
Magnésium :	72 mg
Potassium :	472 mg
Acide folique :	166 µg
Vitamine C :	15 mg

Dans une casserole, faire chauffer l'huile à feu doux et y faire revenir l'oignon et l'ail pendant 3 minutes ou jusqu'à ce qu'il soit transparent. En remuant, ajouter la tomate et la pâte de tomate. Poursuivre la cuisson pendant 1 minute.

*Vous pouvez remplacer les pois chiches par toute autre légumineuse cuite.

Ajouter les pois chiches et le bouillon. Amener à ébullition et ajouter les pâtes, le basilic et l'origan. Réduire le feu et laisser mijoter à découvert pendant 10 à 15 minutes ou jusqu'à ce que les pâtes soient al dente.

Ajouter le persil frais, assaisonner au goût et garnir chaque portion de parmesan.

Variante : On peut ajouter 5 ml (1 c. à thé) de pesto, si désiré.

Mousse aux fraises

4 portions

375 ml (1 1/2 tasse) de tofu soyeux mou
5 ml (1 c. à thé) de vanille
500 ml (2 tasses) de fraises mûres
ou 300 g (10 oz) de fraises surgelées, décongelées
5 ml (1 c. à thé) de zeste de citron
15 ml (1 c. à soupe) de miel

Valeur nutritive d'une portion	
Calories :	96
Protéines :	6 g
Gras total :	2,3 g
Gras monoinsaturés :	0,5 g
Gras polyinsaturés :	1,5 g
Gras saturés :	—
Fibres :	1 g
Calcium :	186 mg
Fer :	1,6 mg
Magnésium :	88 mg
Potassium :	276 mg
Acide folique :	37 µg
Vitamine C :	31 mg

Mettre tous les ingrédients dans le mélangeur ou dans le robot culinaire.

Mélanger jusqu'à l'obtention d'une crème lisse et onctueuse.

Servir froid.

MENU 6

La simple lecture de la recette du tofu marocain et son couscous aux 5 joyaux nous met l'eau à la bouche.

*Ce menu, servi avec de belles verdures et des agrumes,
déborde de vitamines antioxydantes.*

Tofu marocain et couscous aux 5 joyaux
Bette à carde ou épinards vapeur
Salade d'agrumes — orange et pamplemousse

Tofu marocain et couscous aux 5 joyaux

4 portions

Tofu marocain
30 ml (2 c. à soupe) d'huile d'olive extra-vierge
454 g (1 lb) de tofu ferme régulier,
bien égoutté et coupé en petits cubes
1 oignon haché
2 gousses d'ail hachées
7 ml (1 1/2 c. à thé) de gingembre moulu
7 ml (1 1/2 c. à thé) de cannelle moulue
2 ml (1/2 c. à thé) de cumin moulu
2 ml (1/2 c. à thé) de paprika
250 ml (1 tasse) de bouillon de légumes
30 ml (2 c. à soupe) de miel
Le jus et le zeste d'un citron

Couscous aux 5 joyaux
250 ml (1 tasse) de couscous à cuisson rapide
60 ml (1/4 tasse) de canneberges séchées, hachées
60 ml (1/4 tasse) d'abricots séchés, hachés
45 ml (3 c. à soupe) de persil frais, haché
45 ml (3 c. à soupe) de menthe fraîche, hachée
Sel et poivre au goût
125 ml (1/2 tasse) d'amandes grillées, tranchées

Valeur nutritive d'une portion	
Calories :	431
Protéines :	18 g
Gras total :	20 g
Gras monoinsaturés :	10,7 g
Gras polyinsaturés :	5,5 g
Gras saturés :	2,5 g
Fibres :	6 g
Calcium :	336 mg
Fer :	9,8 mg
Magnésium :	185 mg
Potassium :	528 mg
Acide folique :	53 µg
Vitamine C :	13 mg

Dans un grand poêlon, faire chauffer 15 ml (1 c. à soupe) d'huile à feu moyen-élevé et y faire sauter le tofu pendant 7 minutes, jusqu'à ce que les cubes soient bien dorés. Retirer le tofu du poêlon et réserver.

Dans le même poêlon, faire chauffer le reste de l'huile à feu moyen et y faire sauter l'oignon et l'ail pendant 5 minutes. Ajouter le gingembre, la cannelle, le cumin, le paprika et cuire pendant 1 minute. Ajouter les cubes de tofu, le bouillon, le miel, le jus et le zeste de citron, puis amener la préparation à ébullition. Réduire le feu, couvrir et laisser mijoter à feu doux pendant 15 minutes pour que les saveurs se marient bien.

Pendant ce temps, faire cuire le couscous avec les canneberges et les abricots, selon la méthode indiquée sur l'emballage, et bien séparer les grains à l'aide d'une fourchette. Incorporer le persil et la menthe, puis assaisonner au goût.

Servir le tofu marocain sur un nid de couscous et garnir d'amandes grillées.

MENU 7

Voici un menu des grands soirs !

Le gâteau de crêpes est un plat spectaculaire,
et tous vos convives voudront en connaître le secret.
Cette recette est facile à faire, mais demande une longue préparation.
On doit préparer ce plat par étapes :
• Faites d'abord les crêpes, puis congelez-les ;
• Le lendemain, préparez la garniture aux lentilles et
congelez-la ou conservez-la au frigo pendant 2 jours ;
• La garniture aux épinards se conserve 2 jours au réfrigérateur ;
• La sauce Mornay se fait le jour même ;
• Vous pouvez aussi monter le gâteau de crêpes 2 heures d'avance sans la sauce et
le garder au frigo, recouvert d'une pellicule plastique.

Poivrons rouges grillés* à la méditerranéenne

Gâteau de crêpes

Salade de verdures, vinaigrette à l'huile de noisette**

Poires pochées au porto

*Vous pouvez trouver dans les épiceries fines des poivrons grillés, provenant de Bulgarie, vendus dans des bocaux de verre.
**Vous pouvez remplacer l'huile de noisette par de l'huile de noix ou de sésame.

Gâteau de crêpes

8 portions

Pâte à crêpes
10 crêpes de 20 cm (8 po) de diamètre

250 ml (1 tasse) de farine de blé entier
1 ml (1/4 c. à thé) de sel
2 œufs
30 ml (2 c. à soupe) d'huile de canola
pressée à froid
250 ml (1 tasse) de lait écrémé

Valeur nutritive d'une portion du gâteau de crêpes	
Calories :	409
Protéines :	20 g
Gras total :	17 g
Gras monoinsaturés :	6,5 g
Gras polyinsaturés :	2,3 g
Gras saturés :	6,7 g
Fibres :	10 g
Calcium :	285 mg
Fer :	6,5 mg
Magnésium :	148 mg
Potassium :	1 185 mg
Acide folique :	314 µg
Vitamine C :	48 mg

Mettre tous les ingrédients dans le mélangeur, puis mélanger jusqu'à consistance lisse, soit environ 2 minutes. Laisser reposer 30 minutes.

Dans un poêlon en fonte ou dans une poêle à crêpes de 20 cm (8 po) de diamètre, légèrement huilé et chaud, verser environ 60 ml (1/4 tasse) de mélange à crêpes. Dorer les crêpes des deux côtés, puis déposer les crêpes dans une assiette en plaçant une feuille de papier ciré entre chaque crêpe. Quand la cuisson est terminée, couvrir les crêpes de papier d'aluminium pour qu'elles ne sèchent pas. Garder quelques jours au réfrigérateur ou congeler.

Garniture aux lentilles rouges et aux tomates
625 ml (2 1/2 tasses) de jus de tomate ou d'eau de cuisson de légumes
250 ml (1 tasse) de lentilles rouges
1 à 2 gousses d'ail émincées
1 gros oignon coupé finement
15 ml (1 c. à soupe) d'huile de canola pressée à froid
398 ml (14 oz) de tomates en conserve
5 ml (1 c. à thé) d'origan
Sel et poivre au goût

Dans une casserole, amener le jus de tomate ou l'eau de cuisson de légumes à ébullition. Ajouter les lentilles et laisser mijoter de 10 à 12 minutes ou jusqu'à ce que le liquide soit évaporé et que les lentilles soient tendres.

Retirer du feu et laisser reposer.

Dans une autre casserole, faire dorer l'ail et l'oignon dans l'huile, puis ajouter les tomates avec leur jus. Amener à ébullition et laisser mijoter de 10 à 15 minutes ou jusqu'à consistance épaisse.

Retirer du feu et ajouter aux lentilles. Assaisonner avec l'origan, le sel et le poivre.

Couvrir et réfrigérer jusqu'au moment de monter le gâteau.

Garniture aux épinards
2 poires pelées et épépinées
3 sacs d'épinards frais
15 ml (1 c. à soupe) de beurre
2 ml (1/2 c. à thé) de muscade
Sel et poivre au goût

Dans un peu d'eau, pocher les poires environ 10 minutes. Les égoutter, puis les écraser.

Déposer les épinards fraîchement lavés dans une grande casserole sans ajouter d'eau. Couvrir la casserole et cuire à feu moyen environ 7 minutes ou jusqu'à ce que les épinards soient tendres. Les égoutter et les couper finement ou les réduire en purée au mélangeur.

Ajouter les poires, le beurre et la muscade. Bien mêler.

Vérifier l'assaisonnement, recouvrir et réfrigérer jusqu'au moment de monter le gâteau.

Sauce Mornay

60 ml (4 c. à soupe) de beurre
90 ml (6 c. à soupe) de farine de blé à pâtisserie
375 ml (1 1/2 tasse) de fond de volaille
250 ml (1 tasse) de lait écrémé
125 ml (1/2 tasse) de persil frais, finement haché
90 g (3 oz) de mozzarella partiellement écrémée, râpée
Sel et poivre au goût
Xérès, si désiré

Dans une casserole, faire fondre le beurre à feu doux, puis y incorporer la farine non délayée.

Cuire légèrement le roux, puis ajouter graduellement le fond de volaille. Mêler jusqu'à épaississement et ajouter le lait. Cuire environ 10 minutes en brassant.

Ajouter le persil frais et 60 g (2 oz) de fromage, puis laisser fondre doucement.

Retirer du feu et assaisonner de sel, de poivre et d'un filet de xérès.

Montage du gâteau

Environ 1 heure avant le repas, chauffer le four à 190 °C (375 °F).

Huiler légèrement une assiette ronde et plate allant au four ou une tôle à pizza. Y déposer une crêpe et la recouvrir d'environ 125 ml (1/2 tasse) de garniture aux lentilles.

Déposer une autre crêpe, puis étendre dessus environ 80 ml (1/3 tasse) de garniture aux épinards.

Continuer ainsi en mettant, en alternance, crêpe et garniture. Terminer par une crêpe.

Napper du tiers de la sauce Mornay, puis envelopper lâchement de papier d'aluminium, de sorte que celui-ci ne touche pas le gâteau.

Cuire 45 minutes et retirer le papier d'aluminium. Saupoudrer de 30 g (1 oz) de mozzarella râpée. Passer rapidement sous le gril pour faire dorer. Laisser reposer 5 minutes.

À l'aide d'un couteau-scie, découper et napper chaque pointe du reste de la sauce Mornay. Servir aussitôt.

Poires pochées au porto

4 portions

8 grains de toute-épice
15 ml (1 c. à soupe) de grains de poivre rose
500 ml (2 tasses) de jus de canneberge
60 ml (1/4 tasse) de sucre
250 ml (1 tasse) de porto Tawny
1 petit bâton de cannelle
10 à 12 tranches de gingembre frais, pelé
1 zeste d'orange de 5 cm (2 po) de long
60 ml (1/4 tasse) de canneberges séchées
4 poires Bosc ou Anjou, mûres et avec la tige

Valeur nutritive d'une portion	
Calories :	296
Protéines :	1 g
Gras total :	—
Gras monoinsaturés :	—
Gras polyinsaturés :	—
Gras saturés :	—
Fibres :	5 g
Calcium :	36 mg
Fer :	1 mg
Magnésium :	18 mg
Potassium :	362 mg
Acide folique :	16 µg
Vitamine C :	54 mg

Dans un petit carré de mousseline à fromage, mettre les grains de toute-épice et les grains de poivre rose, puis bien attacher le sac.

Verser le jus de canneberge dans une casserole profonde, y déposer le sac d'épices, ajouter le sucre, le porto, la cannelle, le gingembre, le zeste d'orange et les canneberges, puis porter à ébullition. Baisser le feu et laisser mijoter, à découvert, de 15 à 20 minutes.

Peler les poires en conservant les tiges. Retirer le sac d'épices et déposer les poires debout dans le sirop bouillant, puis les pocher, sans couvrir, environ 20 à 30 minutes, selon le degré de maturité des poires. Une fois cuites, retirer les poires et les disposer sur une assiette de service.

Faire bouillir le sirop encore 10 à 15 minutes pour le faire réduire à environ 180 ml (3/4 tasse). Retirer la cannelle, le zeste d'orange et les rondelles de gingembre.

Arroser les poires de ce sirop et servir tiède ou froid.

S'il reste du sirop, il se conservera plusieurs semaines au frigo.

MENU 8

*Les épices de l'Inde et le soya de l'Orient se côtoient
très heureusement dans cette soupe-repas.*

En finale, la crème de mangue rafraîchit sans alourdir.

Soupe-repas aux lentilles rouges à l'indienne
Pain pita de blé grillé
Salade de verdures
Crème de mangue

Soupe-repas aux lentilles rouges à l'indienne

6 portions

15 ml (1 c. à soupe) d'huile d'olive extra-vierge
30 ml (2 c. à soupe) de graines de moutarde
30 ml (2 c. à soupe) de graines de cumin
30 ml (2 c. à soupe) de graines de fenouil
1 oignon haché finement
30 ml (2 c. à soupe) de gingembre frais, haché finement
2 ml (1/2 c. à thé) de flocons de piments forts, si désiré
500 ml (2 tasses) de bouillon de légumes
625 ml (2 1/2 tasses) de boisson de soya non aromatisée
796 ml (28 oz) de tomates en conserve avec le jus, coupées en dés
250 ml (1 tasse) de lentilles rouges
3 carottes de grosseur moyenne, hachées
Sel et poivre
Persil frais, haché finement
Yogourt nature (facultatif)

Dans un grand chaudron à fond épais, chauffer l'huile à feu moyen-élevé, puis y ajouter les graines de moutarde, de cumin et de fenouil. Couvrir et faire grésiller pendant 15 à 30 secondes ou jusqu'à ce que les graines de moutarde commencent à sauter. Fermer immédiatement le feu, puis laisser reposer jusqu'à ce que les graines cessent de sauter.

Ajouter l'oignon, le gingembre et les flocons de piments. Faire sauter ce mélange avec les graines pendant 2 minutes en remuant bien.

Valeur nutritive d'une portion	
Calories :	262
Protéines :	17 g
Gras total :	7 g
Gras monoinsaturés :	3,1 g
Gras polyinsaturés :	1,7 g
Gras saturés :	0,7 g
Fibres :	10 g
Calcium :	140 mg
Fer :	7,2 mg
Magnésium :	110 mg
Potassium :	1 032 mg
Acide folique :	175 µg
Vitamine C :	34 mg

Ajouter le bouillon de légumes, la boisson de soya et les tomates, puis amener le tout à ébullition. Baisser le feu et y incorporer les lentilles et les carottes. Couvrir et laisser mijoter pendant 20 minutes ou jusqu'à ce que les lentilles soient cuites. Assaisonner au goût. Garnir de persil frais au moment de servir.

Pour adoucir la saveur piquante de cette soupe, on peut la servir avec du yogourt nature. On laisse alors ses invités ajouter du yogourt à la surface de la soupe, en quantité désirée.

Crème de mangue

6 portions

4 petites mangues jaunes*
ou 2 mangues rouge et vert plus grosses, bien mûres
15 à 25 ml (1 à 1 1/2 c. à soupe) de gingembre frais
349 g (12,3 oz) de tofu soyeux ferme

Valeur nutritive d'une portion	
Calories :	103
Protéines :	5 g
Gras total :	1,8 g
Gras monoinsaturés :	0,5 g
Gras polyinsaturés :	1 g
Gras saturés :	—
Fibres :	3 g
Calcium :	130 mg
Fer :	0,8 mg
Magnésium :	65 mg
Potassium :	279 mg
Acide folique :	37 µg
Vitamine C :	29 mg

Couper les mangues en morceaux, puis râper le gingembre.

Au mélangeur, fouetter les mangues, le gingembre et le tofu jusqu'à ce que la crème soit lisse.

Servir dans de jolies coupes à dessert.

*Cette crème est très onctueuse si vous la préparez avec de petites mangues jaunes du Mexique.

Menu 9

L'idée de ce menu a été inspirée par Jacques Robert
du restaurant Au tournant de la rivière.

Un menu simple à préparer, mais tout à fait digne d'être servi à des invités.

Gratin de pois chiches

Timbales* de couscous

Salade d'endives

Cantaloup et fraises à la menthe poivrée

*Le couscous, le riz, le bulghur, le quinoa ou le millet ont belle apparence quand ils sont servis en timbale. Tassez le grain cuit dans de petits plats en pyrex, puis renversez chaque portion sur une assiette. Garnissez d'une herbe fraîche. Cette présentation est idéale pour camoufler un grain entier un peu trop cuit et collant.

Gratin de pois chiches

4 portions

6 tomates coupées grossièrement
1 oignon émincé
5 à 6 gousses d'ail hachées
15 ml (1 c. à soupe) d'huile d'olive
Safran au goût
500 ml (2 tasses) de bouillon
Sel et poivre au goût
2 petites aubergines tranchées
2 courgettes tranchées
1 litre (4 tasses) de pois chiches, cuits ou en conserve
125 ml (1/2 tasse) d'amandes ou de noisettes, finement hachées

Valeur nutritive d'une portion	
Calories :	319
Protéines :	15 g
Gras total :	12 g
Gras monoinsaturés :	6,3 g
Gras polyinsaturés :	3 g
Gras saturés :	1,3 g
Fibres :	9 g
Calcium :	106 mg
Fer :	4,4 mg
Magnésium :	110 mg
Potassium :	809 mg
Acide folique :	225 µg
Vitamine C :	30 mg

Préparer la sauce en faisant revenir les tomates, l'oignon et l'ail dans l'huile d'olive. Ajouter le safran et le bouillon, puis assaisonner au goût.

Faire suer à sec les tranches d'aubergine et de courgette.

Dans un plat à gratin, disposer par étages les pois chiches, puis les tranches de courgette et d'aubergine. Répéter l'opération une deuxième fois. Recouvrir de sauce et garnir d'amandes ou de noisettes hachées.

Faire cuire au four à 180 °C (350 °F) pendant 30 à 40 minutes.

Cantaloup et fraises à la menthe poivrée

4 portions

1/2 cantaloup mûr, assez gros
500 ml (2 tasses) de fraises fraîches, nettoyées
Quelques belles feuilles de menthe poivrée, fraîche

Valeur nutritive d'une portion	
Calories :	50
Protéines :	—
Gras total :	—
Gras monoinsaturés :	—
Gras polyinsaturés :	—
Gras saturés :	—
Fibres :	2 g
Calcium :	19 mg
Fer :	0,5 mg
Magnésium :	16 mg
Potassium :	352 mg
Acide folique :	29 µg
Vitamine C :	78 mg

Tailler la chair du cantaloup en boules à l'aide d'une cuillère destinée à cet usage.

Dans un bol, mélanger les fraises et les boules de cantaloup, puis garnir de petites feuilles de menthe poivrée.

Si les feuilles de menthe sont trop grandes, les couper avec des ciseaux.

Servir, de préférence, à température de la pièce. Les fruits frais sont encore plus savoureux quand on les sert de cette façon.

MENU 10

*Ce potage riche en couleurs
constitue une succulente entrée.*

*Les amateurs de fromage de chèvre se régaleront en dégustant
la salade de lentilles vraiment étonnante.*

Potage de courge d'hiver
Salade de lentilles au chèvre
Pita de blé entier
Sorbet éclair aux fraises

Potage de courge d'hiver

4 portions

1 courge musquée, coupée en deux dans le sens de la longueur
1 oignon haché
15 ml (1 c. à soupe) d'huile d'olive extra-vierge
750 ml (3 tasses) de bouillon de légumes
1 patate douce, coupée en cubes
Le zeste et le jus d'une orange
Sel et poivre
Yogourt nature
Ciboulette hachée

Valeur nutritive d'une portion	
Calories :	149
Protéines :	4 g
Gras total :	5 g
Gras monoinsaturés :	3 g
Gras polyinsaturés :	—
Gras saturés :	1 g
Fibres :	4 g
Calcium :	80 mg
Fer :	1 mg
Magnésium :	40 mg
Potassium :	451 mg
Acide folique :	34 µg
Vitamine C :	31 mg

Préchauffer le four à 190 °C (375 °F). Sur une plaque à biscuits, déposer à plat les deux moitiés de la courge et cuire pendant 45 minutes ou jusqu'à ce que la chair soit bien tendre. Sortir du four et laisser refroidir. Vider la courge et réserver la chair.

Dans une casserole, faire revenir l'oignon dans l'huile d'olive pendant 3 minutes ou jusqu'à ce qu'il soit transparent. Ajouter le bouillon de légumes, la patate douce et la courge. Amener le mélange à ébullition, couvrir et faire mijoter pendant 25 minutes ou jusqu'à ce que la patate douce soit cuite.

Verser le mélange dans le récipient du robot culinaire ou du mélangeur, puis réduire en purée jusqu'à l'obtention d'une consistance lisse. Transférer le tout dans la casserole, puis ajouter le zeste et le jus d'orange. Assaisonner au goût et réchauffer.

Servir avec 15 ml (1 c. à soupe) de yogourt nature. Garnir ensuite de ciboulette.

Salade de lentilles au chèvre

4 portions

500 ml (2 tasses) de lentilles cuites ou en conserve, égouttées
80 ml (1/3 tasse) d'oignon rouge, haché finement
1 petit concombre, pelé et coupé en dés
250 ml (1 tasse) de tomates cerises, coupées en deux
170 g (6 oz) de fromage de chèvre affiné, émietté
30 ml (2 c. à soupe) d'aneth frais, haché grossièrement
30 ml (2 c. à soupe) de persil frais, haché

Vinaigrette

45 ml (3 c. à soupe) d'huile d'olive extra-vierge
30 ml (2 c. à soupe) de vinaigre de vin blanc ou rouge
15 ml (1 c. à soupe) de moutarde de Dijon

Valeur nutritive d'une portion	
Calories :	402
Protéines :	20 g
Gras total :	25 g
Gras monoinsaturés :	11 g
Gras polyinsaturés :	2 g
Gras saturés :	11 g
Fibres :	6 g
Calcium :	173 mg
Fer :	5 mg
Magnésium :	63 mg
Potassium :	673 mg
Acide folique :	209 µg
Vitamine C :	17 mg

Dans un grand saladier, mélanger délicatement les lentilles, l'oignon, le concombre, les tomates, le fromage de chèvre, l'aneth et le persil. Préparer la vinaigrette en mélangeant l'huile, le vinaigre et la moutarde, puis l'incorporer à la salade.

Faire macérer au réfrigérateur ou servir immédiatement. Servir sur un nid de verdures.

Sorbet éclair aux fraises

4 portions

300 g (10 oz) de fraises surgelées,
non décongelées
1 blanc d'œuf
Le jus de 1/2 citron
80 ml (1/3 tasse) de sucre fin

Valeur nutritive d'une portion	
Calories:	94
Protéines:	—
Gras total:	—
Gras monoinsaturés:	—
Gras polyinsaturés:	—
Gras saturés:	—
Fibres:	1 g
Calcium:	13 mg
Fer:	0,6 mg
Magnésium:	10 mg
Potassium:	133 mg
Acide folique:	14 µg
Vitamine C:	35 mg

Mettre tous les ingrédients dans le mélangeur ou le robot culinaire et mélanger jusqu'à ce que le tout ait la consistance d'une belle purée.

Verser dans un contenant fermé et placer au congélateur.

Servir bien froid.

Variantes : On peut aussi faire des sorbets avec d'autres sortes de fruits. Les bleuets, les framboises ou les pêches s'y prêtent très bien.

MENU 11

La casserole minute est jolie et agréable à manger.
Le duo de haricots ne laisse personne indifférent.

Casserole minute au tofu, aux tomates et au pistou

Duo de haricots poêlés au gingembre

Yogourt nature et coulis de fraises

Casserole minute au tofu, aux tomates et au pistou

3 portions

2 petites tomates ou 1 grosse
349 g (12,3 oz) de tofu soyeux* extra-ferme ou de tofu régulier
6 tranches fines de similifromage**
à saveur italienne
45 ml (3 c. à soupe) de pistou
15 ml (1 c. à soupe) de parmesan râpé

Valeur nutritive d'une portion	
Calories :	310
Protéines :	26 g
Gras total :	20 g
Gras monoinsaturés :	7 g
Gras polyinsaturés :	3,8 g
Gras saturés :	5,3 g
Fibres :	2 g
Calcium :	564 mg
Fer :	7,7 mg
Magnésium :	139 mg
Potassium :	395 mg
Acide folique :	36 µg
Vitamine C :	17 mg

Laver les tomates, puis les couper à la verticale en fines rondelles.

Couper ensuite délicatement le tofu en 12 tranches.

Couper enfin les tranches de fromage en deux.

Dans une assiette à quiche en pyrex, en longeant les bords du plat, disposer en alternance une tranche de tomate, une demi-tranche de fromage et une tranche de tofu. Arroser chaque tranche de tofu d'un peu de pistou. Recommencer l'opération avec les tomates, le fromage et le tofu, jusqu'à ce qu'il ne reste plus d'ingrédients.

Saupoudrer de parmesan râpé.

Cuire à 200 °C (400 °F) environ 20 minutes.

*Le tofu soyeux, même s'il est extra-ferme, est plus délicat à trancher que le tofu régulier, mais il est plus doux. Les deux donnent de bons résultats.
**Vous pouvez trouver les tranches de similifromage à différentes saveurs avec les produits du soya dans les comptoirs réfrigérés des supermarchés ou des magasins d'aliments naturels.

Duo de haricots poêlés au gingembre

4 portions

454 g (1 lb) de haricots* verts et jaunes, mélangés
15 ml (1 c. à soupe) d'huile de noix
ou de sésame
15 ml (1 c. à soupe) de gingembre frais, haché
125 ml (1/2 tasse) de noix d'acajou hachées finement
Sel et poivre du moulin

Valeur nutritive d'une portion	
Calories:	174
Protéines:	5 g
Gras total:	12 g
Gras monoinsaturés:	5,7 g
Gras polyinsaturés:	3,7 g
Gras saturés:	2 g
Fibres:	5 g
Calcium:	55 mg
Fer:	2,4 mg
Magnésium:	79 mg
Potassium:	370 mg
Acide folique:	58 µg
Vitamine C:	20 mg

Faire cuire les haricots al dente.

Dans une petite casserole, faire chauffer l'huile à feu doux et y ajouter le gingembre et les noix en remuant pendant 1 minute. Incorporer les haricots verts et réchauffer.

Assaisonner au goût et servir.

*La même recette peut se faire avec des asperges fraîches tranchées en diagonale. Vous avez alors un Solo d'asperges.

MENU 12

*Une lasagne super riche en protéines et en fer,
mais sans un gramme de viande.*

*Accompagnée d'une salade de chou et d'un dessert au kiwi,
elle peut faire bien des heureux, jeunes ou vieux !*

Lasagne végétarienne*

Salade de chou en chiffonnade

Tranches de kiwi, yogourt vanillé ou adouci au miel

*Quand vous utilisez des pâtes de blé entier précuites vendues au supermarché, ce plat est beaucoup moins long à préparer. Faire une lasagne devient presque un jeu d'enfant !

Lasagne végétarienne

8 portions

12 pâtes à lasagne de blé entier précuites,
si on peut en trouver
15 ml (1 c. à soupe) d'huile d'olive extra-vierge
1 oignon haché
1 ou 2 gousses d'ail hachées
625 ml (2 1/2 tasses) de sauce tomate maison
ou toute préparée
1 feuille de laurier
5 ml (1 c. à thé) d'origan séché
30 ml (2 c. à soupe) de persil haché
1 œuf battu
250 ml (1 tasse) de fromage ricotta ou cottage
284 g (10 oz) d'épinards frais,
cuits, égouttés et hachés
340 g (12 oz) de tofu régulier,
réduit en miettes au mélangeur ou au robot culinaire
125 ml (1/2 tasse) de parmesan râpé
Sel et poivre au goût
340 g (3/4 lb) de mozzarella partiellement écrémée,
tranchée finement

Faire cuire les pâtes selon la méthode indiquée sur l'emballage ou utiliser des pâtes précuites.

Valeur nutritive d'une portion	
Calories :	350
Protéines :	28 g
Gras total :	18 g
Gras monoinsaturés :	6 g
Gras polyinsaturés :	2 g
Gras saturés :	9 g
Fibres :	4 g
Calcium :	633 mg
Fer :	5 mg
Magnésium :	125 mg
Potassium :	711 mg
Acide folique :	105 µg
Vitamine C :	24 mg

Dans une casserole, faire chauffer l'huile à feu moyen et y faire dorer l'oignon et l'ail. Verser la sauce tomate dans ce mélange, puis ajouter le laurier et l'origan. Laisser mijoter quelques minutes à feu doux pour que les saveurs se marient bien. Retirer du feu et ajouter la moitié du persil frais, haché. Réserver.

Dans un grand bol, mélanger l'œuf, le fromage ricotta ou cottage, les épinards cuits, le tofu émietté, la moitié du parmesan et le reste du persil haché. Assaisonner au goût. Réserver.

Dans un plat de 23 x 33 cm (9 x 13 po) allant au four, légèrement huilé, étaler le tiers de la sauce tomate, puis y déposer 3 pâtes à lasagne. Garnir de la moitié de la préparation épinards-tofu, bien tasser et couvrir de tranches de mozzarella. Déposer 3 autres pâtes, un tiers de la sauce tomate et des tranches de mozzarella. Continuer en formant un autre étage de pâtes, puis mettre l'autre moitié de la préparation épinards-tofu et finir par des tranches de mozzarella. Couvrir du reste des pâtes, de sauce tomate, de mozzarella et du reste de parmesan.

Faire cuire au four préchauffé à 180 °C (350 °F) pendant 30 à 40 minutes ou jusqu'à ce que la sauce bouillonne et que le dessus soit doré. Décorer de persil et servir.

MENU 13

*La fricassée est un heureux mariage de légumineuses,
légumes et fruits secs relevés d'épices au cari.*

Un plat à découvrir.

Fricassée de légumineuses à l'indienne
Riz brun basmati
Salade d'endives
Gelée de fraises à l'orange

Fricassée de légumineuses à l'indienne

5 portions

625 ml (2 1/2 tasses) de légumineuses cuites
(pois chiches ou haricots blancs)
30 ml (2 c. à soupe) d'huile d'olive
2 oignons finement tranchés
4 carottes pelées et coupées en diagonale
225 g (1/2 lb) d'asperges fraîches,
coupées en diagonale
15 ml (1 c. à soupe) de poudre de cari
45 ml (3 c. à soupe) de farine*
300 ml (1 1/4 tasse) de bouillon de poulet
180 ml (3/4 tasse) de raisins secs, blonds
180 ml (3/4 tasse) de noix d'acajou
non salées, grillées
30 ml (2 c. à soupe) de compote d'abricots
15 ml (1 c. à soupe) de ketchup maison
aux fruits

Dorer l'oignon, les carottes et les asperges dans l'huile jusqu'à ce que l'oignon soit transparent. Ajouter le cari et la farine. Cuire une minute. Incorporer les légumineuses et le bouillon ; cuire jusqu'à ce que les carottes soit tendres, mais pas molles.

*Vous pouvez remplacer la farine par 30 ml (2 c. à soupe) de fécule de maïs ou d'arrow-root.

Valeur nutritive d'une portion	
Calories :	491
Protéines :	16 g
Gras total :	18 g
Gras monoinsaturés :	10,8 g
Gras polyinsaturés :	3,1 g
Gras saturés :	3 g
Fibres :	10 g
Calcium :	121 mg
Fer :	6 mg
Magnésium :	147 mg
Potassium :	1101 mg
Acide folique :	208 µg
Vitamine C :	16 mg

Ajouter les raisins, les noix, la compote et le ketchup, et cuire jusqu'à ce que les raisins soient tendres. Ajouter du bouillon, si nécessaire, mais conserver la consistance épaisse du ragoût.

Servir avec du riz brun.

Gelée de fraises à l'orange

4 portions

1 sachet de gélatine sans saveur
60 ml (1/4 tasse) d'eau froide
250 ml (1 tasse) de fraises fraîches mûres
ou décongelées
180 ml (3/4 tasse) de jus d'orange concentré,
surgelé sans sucre, non dilué
180 ml (3/4 tasse) d'eau
125 ml (1/2 tasse) d'eau bouillante

Valeur nutritive d'une portion	
Calories :	97
Protéines :	—
Gras total :	—
Gras monoinsaturés :	—
Gras polyinsaturés :	—
Gras saturés :	—
Fibres :	1 g
Calcium :	23 mg
Fer :	0,3 mg
Magnésium :	22 mg
Potassium :	427 mg
Acide folique :	90 µg
Vitamine C :	96 mg

Dans un grand bol, laisser gonfler la gélatine dans l'eau froide pendant 5 minutes. Dans le contenant du mélangeur, déposer les fraises, le jus d'orange et la même quantité d'eau. Mélanger pour obtenir une purée lisse.

Verser 125 ml (1/2 tasse) d'eau bouillante sur la gélatine gonflée, puis agiter pour la dissoudre. Verser la purée fraises-oranges dans le mélange de gélatine. Laisser prendre au réfrigérateur quelques heures.

Menu 14

*Pendant la saison des Fêtes, surprenez vos amis avec
cette version végétarienne d'une tourtière.*

*Ne révélez rien avant le repas.
Essayez la croûte à tarte sans gras hydrogéné
et faites une économie de mauvais gras.*

Tourtière au tofu

Pâte à tarte de blé entier

Ratatouille minute

Pomme au four

Tourtière au tofu

5 portions

Garniture
454 g (1 lb) de tofu régulier
1 oignon coupé finement
4 gousses d'ail écrasées
30 ml (2 c. à soupe) d'huile d'olive
2 ml (1/2 c. à thé) de clous de girofle moulus
2 ml (1/2 c. à thé) de cannelle
5 ml (1 c. à thé) de thym séché
5 ml (1 c. à thé) de sarriette séchée
60 ml (4 c. à soupe) de sauce soya légère
60 ml (4 c. à soupe) d'eau
60 ml (4 c. à soupe) de levure torula*
Sel et poivre fraîchement moulu, au goût

Pâte à tarte de blé entier
(sans gras hydrogéné)

Deux abaisses de 23 cm (9 po)

625 ml (2 1/2 tasses) de farine de blé entier à pâtisserie
5 ml (1 c. à thé) de sucre
5 ml (1 c. à thé) de sel
30 ml (2 c. à soupe) de beurre
125 ml (1/2 tasse) d'huile de canola
60 à 90 ml (4 à 6 c. à soupe) d'eau glacée

*La levure torula est une levure alimentaire que vous pouvez trouver dans les magasins d'aliments naturels.

Valeur nutritive d'une portion de tourtière	
Calories :	637
Protéines :	20 g
Gras total :	39 g
Gras monoinsaturés :	21 g
Gras polyinsaturés :	10 g
Gras saturés :	6 g
Fibres :	11 g
Calcium :	154 mg
Fer :	9,4 mg
Magnésium :	205 mg
Potassium :	579 mg
Acide folique :	304 µg
Vitamine C :	3 mg

Garniture

Réduire le tofu en petits grains au robot culinaire ou en le passant à la moulinette. Dans une grande casserole, dorer l'oignon et l'ail dans l'huile d'olive quelques minutes, juste pour les amollir. Ajouter tous les autres ingrédients et faire cuire le tout environ 10 minutes. Ajuster l'assaisonnement au goût.

Verser la préparation dans une abaisse de pâte de blé entier. Recouvrir de pâte.

Cuire au four à 220 °C (425 °F) pendant 10 minutes, puis baisser la température à 190 °C (375 °F), et laisser cuire un autre 30 minutes.

Pâte à tarte

Mélanger farine, sucre et sel dans un bol.

À feu doux, faire fondre le beurre environ 30 secondes. Verser dans un petit bol et laisser refroidir, puis incorporer l'huile.

À l'aide d'une fourchette, incorporer l'huile et le beurre au mélange de farine jusqu'à ce que la préparation soit granuleuse.

Ajouter juste assez d'eau glacée pour que la pâte prenne en boule. Diviser la pâte en deux boules.

Aplatir chacune d'entre elles et déposer chaque boule entre deux feuilles de papier ciré.

Rouler la pâte jusqu'à l'obtention de la forme désirée. Retirer le papier du dessus et renverser la pâte dans l'assiette à tarte. Bien mouler.

Réfrigérer avant la cuisson, si désiré.

Note : Cette recette nous a été transmise il y a plusieurs années par une patiente dont nous oublions le nom, mais que nous remercions encore ! Nous l'avons redécouverte avec grande joie.

Ratatouille minute

4 portions

250 ml (1 tasse) de poivron rouge
ou vert taillé en fines lamelles
250 ml (1 tasse) d'aubergine taillée en cubes
250 ml (1 tasse) de courgette en rondelles
250 ml (1 tasse) de tomates italiennes,
fraîches ou coupées en morceaux
30 ml (2 c. à soupe) d'huile d'olive
2 à 3 gousses d'ail pressées
5 ml (1 c. à thé) de thym séché
Sel et poivre au goût

Valeur nutritive d'une portion	
Calories :	99
Protéines :	1,6 g
Gras total :	7 g
Gras monoinsaturés :	5 g
Gras polyinsaturés :	0,7 g
Gras saturés :	1 g
Fibres :	2,6 g
Calcium :	41 mg
Fer :	1,3 mg
Magnésium :	22 mg
Potassium :	349 mg
Acide folique :	21 µg
Vitamine C :	63 mg

Dans un grand bol allant au micro-ondes, bien mélanger tous les ingrédients.

Couvrir et cuire 8 minutes à intensité élevée, en tournant le bol à mi-cuisson. Ou cuire au four ordinaire, environ 1 h à 180 °C (350 °F).

MENU 15

*Ce ragoût deviendra vite le préféré de la maison,
autant pour sa saveur que pour ses couleurs.*

Ragoût de pois chiches

Pita de blé entier grillé

Concombres en tranches, sauce tzatziki (au yogourt)

Pruneaux à l'orange

Ragoût de pois chiches

4 portions

500 ml (2 tasses) de bouillon de légumes
1 oignon haché
3 gousses d'ail hachées
375 ml (1 1/2 tasse) de courgette taillée en dés
1 grosse patate douce, pelée et coupée en dés
250 ml (1 tasse) de poivron rouge coupé en dés
250 ml (1 tasse) de poivron vert coupé en dés
250 ml (1 tasse) de tomates en conserve,
avec le jus, en dés
5 ml (1 c. à thé) de cannelle
5 ml (1 c. à thé) de coriandre moulue
2 ml (1/2 c. à thé) de cumin
Une pincée de cayenne
Sel et poivre au goût
15 ml (1 c. à soupe) de jus de citron
540 ml (19 oz) de pois chiches
en conserve, égouttés
30 ml (2 c. à soupe) de persil frais,
haché finement

Valeur nutritive d'une portion	
Calories :	411
Protéines :	17 g
Gras total :	3,7 g
Gras monoinsaturés :	0,6 g
Gras polyinsaturés :	1,4 g
Gras saturés :	0,4 g
Fibres :	11 g
Calcium :	120 mg
Fer :	5 mg
Magnésium :	89 mg
Potassium :	862 mg
Acide folique :	216 µg
Vitamine C :	96 mg

Verser 300 ml (1 1/4 tasse) de bouillon dans une grande casserole, puis ajouter l'oignon et l'ail. Faire cuire à feu moyen-élevé pendant 5 minutes, jusqu'à ce que l'oignon soit transparent.

Incorporer la courgette, la patate douce, les poivrons, les tomates, la cannelle, la coriandre, le cumin, la cayenne, le sel et le poivre. Amener le mélange à ébullition et laisser mijoter à feu moyen-élevé pendant 5 minutes.

Ajouter le reste du bouillon et le jus de citron. Amener le tout à ébullition, couvrir et laisser mijoter à feu doux jusqu'à ce que les légumes soient tendres, soit environ 5 minutes. Incorporer les pois chiches et faire cuire juste assez pour les réchauffer.

Parsemer le tout de persil frais.

Pruneaux à l'orange

4 portions

24 pruneaux séchés
300 ml (1 1/4 tasse) de jus d'orange

Valeur nutritive d'une portion	
Calories :	156
Protéines :	2 g
Gras total :	—
Gras monoinsaturés :	—
Gras polyinsaturés :	—
Gras saturés :	—
Fibres :	5 g
Calcium :	34 mg
Fer :	1,4 mg
Magnésium :	31 mg
Potassium :	533 mg
Acide folique :	26 µg
Vitamine C :	41 mg

À feu doux, faire pocher les pruneaux dans le jus d'orange, environ 30 minutes, pour les ramollir et les parfumer. Servir tiède ou froid.

MENU 16

Ce spaghetti, dans une version qui se cuit au four, peut se préparer d'avance et se fait cuire au retour du bureau.

Pour varier, vous pouvez utiliser une autre légumineuse.

Spaghetti et lentilles au four
Salade Waldorf
Méli-mélo de melons

Spaghetti et lentilles au four

6 portions

250 ml (1 tasse) de lentilles sèches
(du Puy, brunes ou vertes)
750 ml (3 tasses) de bouillon de poulet ou d'eau
227 g (1/2 lb) de champignons frais
10 ml (2 c. à thé) d'huile d'olive
15 ml (1 c. à soupe) d'origan frais, haché finement
ou 5 ml (1 c. à thé) d'origan séché
170 g (6 oz) de spaghettis de blé entier
500 ml (2 tasses) de sauce tomate bien relevée
60 ml (1/4 tasse) de chapelure de pain de blé entier
60 ml (1/4 tasse) de noix de Grenoble moulues

Valeur nutritive d'une portion	
Calories :	311
Protéines :	18 g
Gras total :	7 g
Gras monoinsaturés :	1,9 g
Gras polyinsaturés :	2,3 g
Gras saturés :	0,7 g
Fibres :	10 g
Calcium :	55 mg
Fer :	5,4 mg
Magnésium :	90 mg
Potassium :	846 mg
Acide folique :	171 µg
Vitamine C :	15 mg

Rincer, trier et faire cuire les lentilles dans le bouillon ou l'eau environ 30 minutes ou jusqu'à ce que les lentilles soient tendres. Égoutter.

Laver, sécher et couper les champignons en morceaux. Les faire dorer dans l'huile d'olive, assaisonner d'origan frais, haché, puis mélanger aux lentilles cuites.

Cuire les pâtes dans l'eau bouillante, puis les égoutter.

Badigeonner ou vaporiser d'un peu d'huile d'olive un plat allant au four, puis y déposer la moitié des pâtes. Recouvrir de la moitié des lentilles cuites mélangées avec les champignons. Recouvrir de la moitié de la sauce.

Recommencer l'opération en terminant par la sauce. Saupoudrer de chapelure et de noix de Grenoble.

Cuire au four à 180 °C (350 °F), de 45 à 50 minutes.

Salade Waldorf

4 portions

3 à 4 pommes de grosseur moyenne de type McIntosh,
non pelées et coupées en cubes
Le jus de 1/2 citron
250 ml (1 tasse) de céleri,
coupé en tronçons de 1,2 cm (1/2 po)
60 ml (1/4 tasse) de noix de Grenoble,
hachées grossièrement
30 ml (2 c. à soupe) d'herbes fraîches hachées,
ciboulette, persil ou coriandre

Valeur nutritive d'une portion	
Calories :	145
Protéines :	3,3 g
Gras total :	6,4 g
Gras monoinsaturés :	2,2 g
Gras polyinsaturés :	3 g
Gras saturés :	0,6 g
Fibres :	3,2 g
Calcium :	44 mg
Fer :	1,4 mg
Magnésium :	39 mg
Potassium :	308 mg
Acide folique :	18 µg
Vitamine C :	14 mg

Arroser les cubes de pomme de jus de citron et bien mélanger. Ajouter les autres ingrédients et mélanger.

Servir avec 15 ml (1 c. à soupe) de Mayonnaise au tofu (voir recette p. 74).

Méli-mélo de melons

6 portions

500 ml (2 tasses) de boules de chacun
des melons de saison, incluant le cantaloup
250 ml (1 tasse) de jus d'orange
60 ml (1/4 tasse) de jus de lime
30 ml (2 c. à soupe) de miel
15 ml (1 c. à soupe) de menthe fraîche, hachée

Valeur nutritive d'une portion	
Calories :	103
Protéines :	—
Gras total :	—
Gras monoinsaturés :	—
Gras polyinsaturés :	—
Gras saturés :	—
Fibres :	1 g
Calcium :	21 mg
Fer :	0,4 mg
Magnésium :	22 mg
Potassium :	503 mg
Acide folique :	43 µg
Vitamine C :	69 mg

Mettre les boules de melon dans un bol de service, puis les arroser de jus d'orange, de jus de lime et de miel.

Garnir de menthe fraîche, hachée, puis laisser reposer pour que les saveurs se marient bien.

MENU 17

Un repas minute à la grecque
qui s'articule autour d'une soupe.

Excellente source de fer et de protéines. Le trio de petits fruits ou le melon et
le coulis de fraises ajoutent fraîcheur et une bonne dose de vitamine C.

Soupe au tofu et au fenouil
accompagnée de pesto aux tomates séchées
Salade romaine et olives grecques, vinaigrette à l'ail
Petit pain de blé entier
Trio de petites baies d'été
ou quartier de cantaloup, coulis de fraises

Soupe au tofu et au fenouil accompagnée de pesto aux tomates séchées

4 portions

15 ml (1 c. à soupe) d'huile d'olive extra-vierge
1 oignon haché
1 bulbe de fenouil*, tranché finement
1 litre (4 tasses) de bouillon de légumes
3 tomates fraîches, coupées en dés
349 g (12,3 oz) de tofu soyeux ferme, coupé en cubes
Sel et poivre au goût
20 ml (4 c. à thé) de pesto aux tomates séchées
que l'on trouve dans le commerce

Valeur nutritive d'une portion	
Calories :	198
Protéines :	15 g
Gras total :	12 g
Gras monoinsaturés :	5,2 g
Gras polyinsaturés :	3,3 g
Gras saturés :	1,8 g
Fibres :	4 g
Calcium :	177 mg
Fer :	6 mg
Magnésium :	127 mg
Potassium :	613 mg
Acide folique :	49 µg
Vitamine C :	26 mg

Dans une casserole, faire chauffer l'huile à feu doux et y faire sauter l'oignon et le fenouil pendant 5 minutes. Ajouter le bouillon de légumes, les tomates fraîches et le tofu. Amener le mélange à ébullition, couvrir et faire mijoter pendant 30 minutes. Assaisonner au goût.

Servir la soupe chaude et garnir chaque portion de 5 ml (1 c. à thé) de pesto.

*Le fenouil ajoute un goût d'anis. Si vous n'en trouvez pas, remplacez-le par 4 branches de céleri coupées en tronçons.

MENU 18

Qui aurait imaginé une fricassée aussi savoureuse ?
Vous aurez des rappels !

Fricassée de lentilles, pomme et amandes

Asperges fraîches vinaigrette

Compote de rhubarbe et fraises relevée de gingembre et de vanille

Fricassée de lentilles, pommes et amandes

4 portions

15 ml (1 c. à soupe) d'huile d'olive extra-vierge
1 gousse d'ail hachée
1 oignon haché
4 carottes coupées en dés
1 branche de céleri coupée en dés
10 ml (2 c. à thé) de poudre de cari
10 ml (2 c. à thé) de sauce tamari légère
250 ml (1 tasse) de courge musquée,
pelée et coupée en cubes
250 ml (1 tasse) de haricots verts, coupés
125 ml (1/2 tasse) de pomme coupée en dés
45 ml (3 c. à soupe) d'amandes hachées
30 ml (2 c. à soupe) de raisins secs
500 ml (2 tasses) de bouillon de légumes
500 ml (2 tasses) de lentilles brunes, cuites
1 courgette tranchée
30 ml (2 c. à soupe) de persil frais, haché

Dans une grande casserole, faire chauffer l'huile à feu doux et y faire revenir l'ail, l'oignon, les carottes et le céleri pendant 5 minutes. Ajouter la poudre de cari, la sauce tamari, puis y incorporer la courge, les haricots, la pomme, 30 ml (2 c. à soupe) d'amandes et les raisins. Verser le bouillon de légumes et ajouter les lentilles. Amener le tout à ébullition. Baisser le feu et laisser mijoter pendant 20 minutes, en remuant souvent.

163

Valeur nutritive d'une portion	
Calories :	323
Protéines :	15 g
Gras total :	8,5 g
Gras monoinsaturés :	5 g
Gras polyinsaturés :	1,4 g
Gras saturés :	1 g
Fibres :	12 g
Calcium :	120 mg
Fer :	5,7 mg
Magnésium :	111 mg
Potassium :	1 153 mg
Acide folique :	245 µg
Vitamine C :	32 mg

Ajouter la courgette et poursuivre la cuisson pendant 5 à 10 minutes ou jusqu'à ce qu'elle soit tendre. Garnir du reste des amandes et de persil frais, puis servir.

Compote de rhubarbe et fraises relevée de gingembre et de vanille

4 portions

500 g (1 lb) de rhubarbe fraîche, coupée en tronçons
300 ml (1 1/4 tasse) d'eau
Lanières de zestes de 1/2 citron et de 1/2 orange
70 g (2 1/2 oz) de gingembre frais,
pelé et coupé en fines rondelles
125 ml (1/2 tasse) de sucre
1 gousse de vanille
fendue dans le sens de la longueur
Une dizaine de fraises fraîches

Valeur nutritive d'une portion	
Calories :	150
Protéines :	—
Gras total :	—
Gras monoinsaturés :	—
Gras polyinsaturés :	—
Gras saturés :	—
Fibres :	2,6 g
Calcium :	62 mg
Fer :	0,5 mg
Magnésium :	22 mg
Potassium :	364 mg
Acide folique :	20 µg
Vitamine C :	51 mg

Dans une grande casserole, faire un sirop avec l'eau, les zestes, le gingembre, le sucre et la vanille.

Porter le sirop à ébullition quelques minutes et ajouter la rhubarbe, puis laisser cuire à feu doux, à découvert, environ 20 minutes. Ajouter les fraises fraîches dans les 5 dernières minutes de cuisson. Ce plat est bon tiède ou froid.

Note : Cette compote est excellente avec du yogourt nature.

MENU 19

*Le tofu rend la Crème de champignons
de ce menu très onctueuse.*

De plus, la valeur nutritive s'en trouve améliorée.

Crème de champignons soyeuse

Fougasse* aux olives noires

Salade d'épinards et de tomates cerises

Pamplemousse rose grillé à l'érable**

*Vous pouvez trouver la fougasse dans les boulangeries ou dans la section de la boulangerie des supermarchés.

**Le pamplemousse rose grillé à l'érable est tout simplement un demi-pamplemousse dont vous avez détaché les membranes avec un petit couteau et sur lequel vous avez saupoudré 5 ml (1 c. à thé) de sucre d'érable ou de sirop d'érable, puis que vous avez passé sous le gril quelques minutes.

Crème de champignons soyeuse

2 portions

15 ml (1 c. à soupe) d'huile d'olive extra-vierge
1 oignon haché
1 gousse d'ail hachée
227 g (1/2 lb) de champignons café (bruns),
nettoyés et tranchés
5 ml (1 c. à thé) de thym séché
125 ml (1/2 tasse) de vin blanc
340 g (12 oz) de tofu soyeux, mou
250 ml (1 tasse) de bouillon de légumes
5 ml (1 c. à thé) de sauce tamari légère
Une pincée de cayenne
Sel et poivre au goût

Valeur nutritive d'une portion	
Calories :	273
Protéines :	17 g
Gras total :	12,6 g
Gras monoinsaturés :	6 g
Gras polyinsaturés :	3,8 g
Gras saturés :	1 g
Fibres :	2,6 g
Calcium :	37 mg
Fer :	2,7 mg
Magnésium :	26 mg
Potassium :	901 mg
Acide folique :	34 µg
Vitamine C :	8 mg

Dans une casserole, faire chauffer l'huile à feu doux et y faire revenir l'oignon et l'ail pendant 3 minutes ou jusqu'à ce que l'oignon soit transparent. Ajouter les champignons et le thym. Poursuivre la cuisson pendant 5 minutes, verser le vin blanc et faire mijoter la préparation pendant 5 minutes encore.

Pendant ce temps, déposer le tofu dans le récipient du robot culinaire ou du mélangeur et liquéfier. Incorporer le bouillon de légumes, puis mélanger le tout.

Ajouter une louche du liquide de cuisson des champignons au mélange de tofu et mélanger de nouveau. Incorporer ce mélange aux champignons, ajouter la sauce soya et la cayenne. Assaisonner de sel et poivre au goût. Réchauffer le potage sans faire bouillir et servir.

MENU 20

*Cette salade de haricots à saveur très relevée
aime bien voyager.*

*Vous pouvez facilement l'apporter dans la boîte à lunch
ou en pique-nique.*

Salade de haricots rouges
Nid de verdures ou céleri-rave râpé à la menthe
Petit pain aux graines de lin
Oranges Ambroisie

Salade de haricots rouges

6 portions

1 litre (4 tasses) de haricots rouges,
cuits ou en conserve
6 oignons verts finement hachés
1 gousse d'ail émincée
30 ml (2 c. à soupe) de concentré de tomate
(pâte de tomate)
30 ml (2 c. à soupe) de vinaigre de vin
60 ml (1/4 tasse) d'huile d'olive
10 ml (2 c. à thé) de moutarde de Dijon
Sel et poivre, au goût

Valeur nutritive d'une portion	
Calories :	375
Protéines :	17 g
Gras total :	15 g
Gras monoinsaturés :	10 g
Gras polyinsaturés :	1,8 g
Gras saturés :	2 g
Fibres :	15 g
Calcium :	69 mg
Fer :	6 mg
Magnésium :	90 mg
Potassium :	879 mg
Acide folique :	250 µg
Vitamine C :	8 mg

Dans un saladier, mettre les haricots rouges, les oignons verts et l'ail, puis mélanger légèrement.

Dans un petit bol, mélanger tous les autres ingrédients et verser sur les haricots. Si désiré, laisser macérer quelques heures au réfrigérateur. Servir sur un nid de verdures.

Céleri-rave râpé à la menthe

6 portions

1 petit céleri-rave râpé au robot culinaire
ou à la moulinette
375 ml (1 1/2 tasse) de menthe poivrée fraîche, hachée
60 ml (1/4 tasse) de persil italien frais, haché

Vinaigrette
60 ml (4 c. à soupe) d'huile de noix
ou de noisette, pressée à froid
30 ml (2 c. à soupe) de yogourt nature
15 ml (1 c. à soupe) de vinaigre de cidre
2 ml (1/2 c. à thé) de sel de mer

Valeur nutritive d'une portion	
Calories :	161
Protéines :	1,7 g
Gras total :	9,6 g
Gras monoinsaturés :	2,2 g
Gras polyinsaturés :	5,8 g
Gras saturés :	0,9 g
Fibres :	4 g
Calcium :	60 mg
Fer :	1,5 mg
Magnésium :	22 mg
Potassium :	288 mg
Acide folique :	32 µg
Vitamine C :	29 mg

Dans un bol, bien mélanger tous les ingrédients.

Vinaigrette
À l'aide d'un petit fouet, mélanger tous les ingrédients de la vinaigrette. Ajouter la vinaigrette au céleri-rave, puis mélanger à fond.

Oranges Ambroisie

4 portions

4 oranges navels (à manger)
125 ml (1/2 tasse) de jus d'orange
60 ml (1/4 tasse) de noix de coco râpée

Valeur nutritive d'une portion	
Calories :	194
Protéines :	1 g
Gras total :	6 g
Gras monoinsaturés :	—
Gras polyinsaturés :	—
Gras saturés :	5 g
Fibres :	4 g
Calcium :	64 mg
Fer :	1,1 mg
Magnésium :	35 mg
Potassium :	460 mg
Acide folique :	69 µg
Vitamine C :	90 mg

Peler à vif 4 oranges à manger, puis les couper en tranches fines. Les arroser de jus d'orange et les saupoudrer de noix de coco râpée, grillée, si désiré.

MENU 21

*La petite sauce à l'orange et au tamari
du Sauté de tofu est divine.*

*C'est une recette simple à préparer et très riche en fer.
Il faut l'essayer!*

Sauté de tofu parfumé à l'orange sur nid de cresson
Pilaf au riz brun et à l'orge
Brocoli vapeur
Yogourt nature et coulis de fraises

Sauté de tofu parfumé à l'orange sur nid de cresson

3 portions

30 ml (2 c. à soupe) d'huile d'olive extra-vierge
349 g (12,3 oz) de tofu soyeux extra-ferme, bien égoutté et tranché
1 botte de cresson lavée, les tiges les plus fermes retirées
15 ml (1 c. à soupe) de graines de sésame entières
10 ml (2 c. à thé) de gingembre frais, pelé et haché
1 gousse d'ail hachée
60 ml (1/4 tasse) de jus d'orange fraîchement pressé
10 ml (2 c. à thé) de sauce tamari légère
2 ml (1/2 c. à thé) d'huile de sésame grillée

Valeur nutritive d'une portion	
Calories :	286
Protéines :	15 g
Gras total :	17 g
Gras monoinsaturés :	8,8 g
Gras polyinsaturés :	4,9 g
Gras saturés :	2,4 g
Fibres :	2 g
Calcium :	186 mg
Fer :	7 mg
Magnésium :	139 mg
Potassium :	286 mg
Acide folique :	29 µg
Vitamine C :	20 mg

Dans un grand poêlon antiadhésif, faire chauffer 15 ml (1 c. à soupe) d'huile d'olive à feu moyen et y faire revenir les tranches de tofu pendant 3 minutes de chaque coté ou jusqu'à ce qu'elles soient bien dorées. Les retirer du poêlon et réserver au chaud.

Chauffer le reste de l'huile d'olive et y faire sauter le cresson pendant quelques minutes ou jusqu'à ce qu'il commence à flétrir. Transférer la verdure dans une assiette de service, la saupoudrer de graines de sésame et y déposer les tranches de tofu.

Dans le poêlon encore chaud, faire frémir le reste des ingrédients pendant 1 minute, puis verser la sauce sur le tofu.

Pilaf au riz brun et à l'orge

4 portions

500 ml (2 tasses) de fond de volaille
125 ml (1/2 tasse) d'orge mondé*
125 ml (1/2 tasse) de riz brun
30 ml (2 c. à soupe) de céleri haché finement
30 ml (2 c. à soupe) de poivron vert ou rouge, haché finement
30 ml (2 c. à soupe) d'oignon haché finement
60 ml (1/4 tasse) de persil haché finement
60 ml (1/4 tasse) de pignons grillés
60 ml (1/4 tasse) de graines de sésame non décortiquées

Valeur nutritive d'une portion	
Calories :	190
Protéines :	8 g
Gras total :	8,9 g
Gras monoinsaturés :	3,3 g
Gras polyinsaturés :	3,7 g
Gras saturés :	1,4 g
Fibres :	6 g
Calcium :	95 mg
Fer :	2,7 mg
Magnésium :	77 mg
Potassium :	338 mg
Acide folique :	26 µg
Vitamine C :	8 mg

Dans une casserole, verser le fond de volaille sur l'orge et le riz, puis amener à ébullition.

Réduire le feu et ajouter les légumes hachés, couvrir et cuire à feu doux pendant 45 minutes.

Ajouter le persil, les pignons et les graines de sésame.

Mélanger et servir.

*L'orge mondé est une très bonne source de fibres solubles qui peut faire baisser le taux de cholestérol. Sa durée de cuisson est d'environ 1 h et il est préférable de le faire tremper avant la cuisson. Pour plus de saveur, faites-le cuire dans un bouillon de volaille.

MENU 22

*Petit repas de style buffet,
à servir froid.*

À l'Halloween, faites la salade de haricots noirs avec
des poivrons de couleur orange, c'est magique !

Salade de haricots noirs et de poivrons de toutes les couleurs
Vinaigrette au cumin et à la coriandre
Riz sauvage et noisettes grillées en salade
Flan de yogourt et coulis de framboises

Salade de haricots noirs et de poivrons de toutes les couleurs

4 portions

Salade
750 ml (3 tasses) de haricots noirs
en conserve, égouttés
125 ml (1/2 tasse) de poivron rouge,
coupé en petits dés
125 ml (1/2 tasse) de poivron jaune,
coupé en petits dés
125 ml (1/2 tasse) de poivron vert,
coupé en petits dés
125 ml (1/2 tasse) de céleri coupé en petits dés
Quelques brindilles de coriandre fraîche, pour garnir

Vinaigrette au cumin et à la coriandre
15 ml (1 c. à soupe) de jus de citron
5 ml (1 c. à thé) de zeste de citron
15 ml (1 c. à soupe) de vinaigre de vin blanc
2 ml (1/2 c. à thé) de sel
1 gousse d'ail hachée finement
2 ml (1/2 c. à thé) de graines de cumin moulues
2 ml (1/2 c. à thé) de graines de coriandre moulues
1 ml (1/4 c. à thé) de paprika
75 ml (5 c. à soupe) d'huile d'olive extra-vierge
15 ml (1 c. à soupe) de menthe fraîche, hachée
15 ml (1 c. à soupe) de coriandre fraîche, hachée

Valeur nutritive d'une portion	
Calories :	361
Protéines :	15 g
Gras total :	18 g
Gras monoinsaturés :	12,7 g
Gras polyinsaturés :	1,8 g
Gras saturés :	2,5 g
Fibres :	14 g
Calcium :	113 mg
Fer :	10,6 mg
Magnésium :	103 mg
Potassium :	619 mg
Acide folique :	217 µg
Vitamine C :	65 mg

Dans un saladier, bien mélanger tous les ingrédients de la salade.

Mélanger tous les ingrédients de la vinaigrette et brasser. Verser sur la salade et bien mêler.

Flan de yogourt et coulis de framboises

6 portions

1 sachet de gélatine sans saveur
60 ml (1/4 tasse) d'eau froide
375 ml (1 1/2 tasse) de lait écrémé ou à 1 %
125 ml (1/2 tasse) de sucre
550 ml (2 1/4 tasses) de yogourt nature
5 ml (1 c. à thé) de vanille

Valeur nutritive d'une portion incluant le coulis	
Calories :	255
Protéines :	8 g
Gras total :	1,6 g
Gras monoinsaturés :	0,4 g
Gras polyinsaturés :	0,2 g
Gras saturés :	1 g
Fibres :	4 g
Calcium :	268 mg
Fer :	0,8 mg
Magnésium :	37 mg
Potassium :	445 mg
Acide folique :	40 µg
Vitamine C :	18 mg

Laisser gonfler la gélatine dans l'eau pendant 10 minutes. Dans une casserole, chauffer ensemble le lait et le sucre, puis brasser pour dissoudre le sucre.

Retirer du feu et ajouter la gélatine gonflée en brassant pour la dissoudre.

Une fois la gélatine dissoute, verser ce mélange dans un grand bol, puis laisser tiédir 5 minutes. Ajouter le yogourt en remuant doucement et aromatiser de vanille.

Verser dans un moule de 1,25 litre (5 tasses), passé à l'eau froide. Réfrigérer au moins 2 h 30. Démouler le flan et servir avec un coulis de fruits (voir Coulis de framboises, p. 180) ou avec des fruits frais.

Coulis de framboises

250 ml (1 tasse)

2 contenants de 300 g (10 oz) de framboises
surgelées, décongelées et égouttées
15 ml (1 c. à soupe) de sucre fin
5 ml (1 c. à thé) de jus de citron

Réduire les fruits en purée et les passer au tamis pour éliminer les pépins. Ajouter le sucre et le jus de citron, puis mélanger. Servir avec le flan ou napper le flan de coulis.

Note : Le flan de yogourt fond littéralement dans la bouche. Servi dans un joli moule ou dans des coupes à dessert, il sera aussi savoureux avec des fruits frais qu'avec un coulis de fruits.

MENU 23

*Le plat principal, qui contient du similifromage et de la sauce
aux arachides, constitue une trouvaille savoureuse.*

*Servez-le enroulé dans une feuille de laitue romaine
ou dans du pain azyme de blé entier et vous avez un rouleau printanier !*

Rondelles de poivron

Wrap printanier au similifromage, sauce aux arachides

Yop maison à l'orange

Wrap printanier au similifromage, sauce aux arachides

2 portions

Sauce aux arachides*
60 ml (1/4 tasse) de beurre d'arachide naturel, croquant
60 ml (1/4 tasse) de miel
45 ml (3 c. à soupe) de miso (pâle)
30 ml (2 c. à soupe) d'eau
30 ml (2 c. à soupe) de jus de limette frais

2 pains pita de blé entier
ou pains azymes de blé
ou 2 grandes feuilles de laitue romaine
*6 tranches de similifromage** à saveur italienne,*
taillées en lanières
1/4 concombre, épépiné et tranché très finement
dans le sens de la longueur
1 carotte râpée
30 ml (2 c. à soupe) de menthe fraîche, hachée
30 ml (2 c. à soupe) de coriandre fraîche,
hachée ou de persil italien

*Si vous voulez procéder plus rapidement, Thaï Kitchen fait une très bonne sauce aux arachides ; vous pouvez la trouver dans les épiceries fines et les magasins d'aliments naturels, mais c'est un peu cher !
**Vous pouvez trouver les tranches de similifromage à différentes saveurs avec les produits de soya dans les comptoirs réfrigérés des supermarchés ou des magasins d'aliments naturels.

Valeur nutritive d'une portion	
Calories :	574
Protéines :	28 g
Gras total :	23 g
Gras monoinsaturés :	7 g
Gras polyinsaturés :	5,3 g
Gras saturés :	3 g
Fibres :	9 g
Calcium :	372 mg
Fer :	13 mg
Magnésium :	99 mg
Potassium :	483 mg
Acide folique :	54 µg
Vitamine C :	10 mg

Sauce aux arachides

Dans un bol, mélanger le beurre d'arachide, le miel, le miso, l'eau et le jus de limette. Réserver.

Tartiner l'intérieur des pains pita ou azymes de cette sauce aux arachides, puis garnir des lanières de similifromage, des tranches de concombre, de carotte râpée, de menthe et de coriandre.

Yop maison à l'orange

2 portions

300 ml (1 1/4 tasse) de yogourt nature
90 ml (6 c. à soupe) de jus d'orange surgelé, concentré

Valeur nutritive d'une portion	
Calories :	176
Protéines :	11 g
Gras total :	2,5 g
Gras monoinsaturés :	0,6 g
Gras polyinsaturés :	0,6 g
Gras saturés :	1 g
Fibres :	—
Calcium :	374 mg
Fer :	1 mg
Magnésium :	55 mg
Potassium :	814 mg
Acide folique :	120 µg
Vitamine C :	85 mg

Au mélangeur, fouetter le yogourt et le jus d'orange.
   Servir dans 2 verres.

Note : La version maison est moins sucrée que le produit offert dans le commerce.

MENU 24

*Un petit-déjeuner ensoleillé
pour le week-end.*

*N'oubliez pas que les œufs font partie d'une alimentation saine
et d'un végétarisme à temps partiel.*

Quartiers d'orange

Croquettes cocorico !

Muffins maison à l'avoine et aux pommes

Café au lait

Croquettes cocorico!

4 portions

250 ml (1 tasse) de légumes râpés,
mélangés au goût
(oignon, patate douce et courgette, par exemple)
6 œufs battus
125 ml (1/2 tasse) de lait
ou de boisson de soya non aromatisée
30 g (1 oz) de gruyère râpé
Sel et poivre au goût

Valeur nutritive d'une portion	
Calories :	204
Protéines :	16 g
Gras total :	12 g
Gras monoinsaturés :	4,5 g
Gras polyinsaturés :	1,5 g
Gras saturés :	4,7 g
Fibres :	1 g
Calcium :	163 mg
Fer :	1,5 mg
Magnésium :	22 mg
Potassium :	248 mg
Acide folique :	55 µg
Vitamine C :	4 mg

Huiler légèrement 6 alvéoles de 125 ml (1/2 tasse) d'un moule à muffins.

Bien égoutter les légumes râpés pour en extraire le plus d'humidité possible et les répartir dans les alvéoles du moule.

Dans un grand bol, mélanger les œufs battus, le lait ou la boisson de soya, le gruyère et assaisonner au goût. Verser sur les légumes dans le moule à muffins.

Faire cuire au four préchauffé à 200 °C (400 °F) pendant 15 minutes ou jusqu'à ce que les croquettes soient cuites.

Muffins maison à l'avoine et aux pommes

12 muffins

180 ml (3/4 tasse) d'eau bouillante
125 ml (1/2 tasse) de flocons d'avoine
125 ml (1/2 tasse) de son d'avoine
250 ml (1 tasse) de farine de blé entier
15 ml (1 c. à soupe) de levure chimique
(poudre à pâte)
2 ml (1/2 c. à thé) de sel
60 ml (1/4 tasse) de poudre de lait écrémé
60 ml (1/4 tasse) de germe de blé
2 œufs
30 ml (2 c. à soupe) d'huile de canola
pressée à froid
60 ml (1/4 tasse) d'eau froide
60 ml (1/4 tasse) de mélasse
250 ml (1 tasse) de pommes non pelées,
lavées et coupées en petits morceaux
60 ml (1/4 tasse) de graines de sésame entières

Verser l'eau bouillante sur les flocons et le son d'avoine, puis laisser tiédir.

Graisser les moules à muffins et chauffer le four à 200 °C (400 °F).

Dans un grand bol, mélanger la farine avec tous les autres ingrédients secs, sauf les graines de sésame.

Valeur nutritive d'une portion	
Calories:	138
Protéines:	5 g
Gras total:	5,4 g
Gras monoinsaturés:	2,4 g
Gras polyinsaturés:	1,7 g
Gras saturés:	0,7 g
Fibres:	3 g
Calcium:	64 mg
Fer:	1,7 mg
Magnésium:	61 mg
Potassium:	264 mg
Acide folique:	21 µg
Vitamine C:	—

Battre ensemble les œufs, l'huile, l'eau froide et la mélasse.

Ajouter l'avoine tiède, puis les morceaux de pomme. Incorporer les ingrédients secs et mélanger juste assez pour bien humecter le tout.

Verser dans les moules. Saupoudrer de graines de sésame.

Cuire de 20 à 25 minutes. Servir chaud.

MENU 25

*Un repas à la mode méditerranéenne, sans prétention
et facile à emporter à l'heure du lunch!*

Salade de lentilles à la méditerranéenne
Pain azyme* de blé entier roulé en cigare
ou moitié de pita de blé entier
Fromage feta, tomates, olives Calamata et laitue
arrosés d'huile d'olive
Figues fraîches du Moyen-Orient

*Le pain azyme ressemble à une grande galette mince ou à une tortilla de 20 cm (8 po) de diamètre environ. Vous pouvez le trouver dans les supermarchés, ainsi que dans les magasins d'aliments naturels ou du Moyen-Orient.

Salade de lentilles à la méditerranéenne

4 portions

500 ml (2 tasses) de bouillon de poulet
ou de légumes
250 ml (1 tasse) de lentilles vertes
ou brunes, sèches, rincées
180 ml (3/4 tasse) d'oignons verts, hachés
1 poivron rouge, coupé en dés
125 ml (1/2 tasse) de persil italien, haché
125 ml (1/2 tasse) de noix de Grenoble
hachées grossièrement
Quelques feuilles de roquette,
de romaine ou de pissenlit

Vinaigrette
15 ml (1 c. à soupe) de moutarde de Dijon
60 ml (4 c. à soupe) d'huile d'olive extra-vierge
45 ml (3 c. à soupe) de vinaigre de vin rouge
Sel et poivre au goût

Valeur nutritive d'une portion	
Calories :	435
Protéines :	21 g
Gras total :	26 g
Gras monoinsaturés :	12,4 g
Gras polyinsaturés :	7,7 g
Gras saturés :	2,7 g
Fibres :	9 g
Calcium :	76 mg
Fer :	6,4 mg
Magnésium :	99 mg
Potassium :	765 mg
Acide folique :	287 µg
Vitamine C :	58 mg

Porter le bouillon à ébullition, ajouter les lentilles, baisser le feu, couvrir et cuire à feu doux, de 20 à 25 minutes ou jusqu'à ce que les lentilles soient tendres, mais non défaites.

Égoutter les lentilles cuites, puis les mélanger avec les autres ingrédients, sauf les feuilles de salade.

Faire la vinaigrette et l'ajouter à la salade de lentilles.

Servir sur des feuilles de roquette ou sur les autres verdures.

CHAPITRE 8

Les bienfaits du végétarisme
par rapport à certaines maladies

Le végétarisme et les maladies cardiovasculaires

Les maladies cardiovasculaires qui regroupent les problèmes d'angine, d'insuffisance cardiaque, d'infarctus du myocarde et d'athérosclérose demeurent la principale cause de décès chez les hommes de plus de 50 ans et chez les femmes de plus de 75 ans. Ces problèmes sont la cause de 37 % de tous les décès au Canada.

Si vous êtes prédisposé à souffrir d'une maladie cardiovasculaire ou si vous avez été victime d'un problème cardiaque, le végétarisme à temps partiel ou à temps plein peut vous être utile. Il y a de plus en plus d'indices qui démontrent l'effet protecteur d'une telle alimentation. Des chercheurs britanniques et américains qui ont comparé les taux de mortalité cardiaque chez des végétariens et des non-végétariens dans une population de 76 000 hommes et femmes ont noté que la mortalité causée par un infarctus était 24 % moins élevée pour l'ensemble des végétariens. Lorsqu'ils ont vérifié le lien avec les différents types de végétarisme, ils ont vu que c'étaient les mangeurs de poisson et les lacto-ovo-végétariens qui s'en tiraient le mieux avec un taux 34 % plus faible, alors que les végétariens stricts avaient un taux 26 % plus bas et les mangeurs de viande occasionnels, une réduction de 20 % par rapport au reste de la population.

Le lien entre l'alimentation et les maladies cardiovasculaires n'a pas toujours été reconnu, mais l'intérêt pour cette question remonte aux années 60 lorsque le célèbre Dr Ancel Keys de l'Université du Minnesota a fait une étude comparative de sept populations différentes à travers le monde. Il a découvert que les habitudes alimentaires des Crétois et

195

des Japonais étaient associées au plus faible taux de mortalité cardiaque. Ses observations ont suscité une foule de recherches et donné naissance en 1994 au concept de la diète méditerranéenne traditionnelle largement composée de grains entiers, de légumineuses, de légumes, de fruits, de noix, d'huile d'olive ainsi que de poisson. Cette diète riche en fibres, en antioxydants, en gras monoinsaturés et en gras de type oméga-3, mais pauvre en gras saturés et en gras hydrogénés s'apparente étrangement à notre végétarisme à temps partiel.

À la fin des années 80, le Dr Dean Ornish de San Francisco démontre qu'il est possible d'intervenir auprès de grands cardiaques au moyen d'une alimentation végétarienne stricte, très pauvre en matières grasses. Il associe à la diète l'exercice physique et la détente. Grâce à des photographies prises à l'intérieur des artères avant le traitement et 12 mois après, il réussit à démontrer qu'on peut débloquer partiellement des artères humaines sans chirurgie.

Au milieu des années 90, l'équipe des Drs Serge Renaud et Michel de Lorgeril s'intéresse, elle aussi, à prévenir par l'alimentation la mortalité chez des personnes ayant déjà fait un infarctus. Leur diète de type méditerranéenne n'est pas faible en gras, mais renferme une proportion importante de gras oméga-3. Cette diète révolutionne carrément l'approche diététique classique qui ne vise qu'à abaisser le taux de cholestérol. Elle réussit à réduire de 70 % le taux de mortalité chez ces individus très vulnérables. C'est un exploit, et l'étude de Lyon passe à l'histoire !

De telles études et d'autres encore ébranlent les chercheurs-nutritionnistes qui ne se sont attardés qu'à diminuer le cholestérol. Les nouvelles directives de l'American Heart Association (AHA) publiées en novembre 2000 ne mettent plus l'accent sur des quantités précises de gras et donnent un rôle de premier plan à différents aliments d'origine végétale.

L'approche diététique classique que nous avons connue depuis 40 ans ne consistait qu'à soustraire les aliments nuisibles du menu. L'approche nouvelle vise au contraire à ajouter des aliments protecteurs dont font partie plusieurs végétaux. C'est drôlement plus appétissant.

Les bons gras au cœur du sujet

Contrairement à ce que l'on a cru pendant des années, tous les gras ne sont pas nuisibles aux artères et une diète faible en gras n'est pas la meilleure façon de prévenir les maladies cardiovasculaires. L'approche gagnante donne la priorité aux bons gras.

Une alimentation végétarienne n'est pas dépourvue de gras, mais elle ne renferme pas toujours de bons gras. Si le menu se compose principalement de plats à base de fromage ou de friture, il ne fait qu'entretenir le problème. Si, par contre, légumineuses ou soya remplacent la viande, que l'huile d'olive ou de canola est utilisée à la place du beurre et que les noix remplacent les biscuits, la qualité des gras s'améliore grandement.

L'huile d'olive, de canola et de noisette, les avelines, l'avocat, les amandes, les pistaches et les olives sont de bonnes sources de gras **monoinsaturés** qui ont un effet protecteur pour le cœur ; ils favorisent la baisse des LDL — le mauvais cholestérol —, ont tendance à augmenter les HDL — le bon cholestérol — et font partie des bons gras.

Les poissons gras — sardines, maquereau, saumon de l'Atlantique et du Pacifique ainsi que la truite saumonée — et certaines microalgues renferment des **gras oméga-3** qui font aussi partie des bons gras. Ces aliments peuvent donc entrer dans une alimentation végétarienne à temps partiel. De plus, ils ont une action anticoagulante reconnue. Leur efficacité pour diminuer l'arythmie, les triglycérides et les risques de mort subite a également été démontrée. C'est pourquoi l'American Heart Association recommande deux repas de poissons gras par semaine. (Il est aussi possible d'en prendre davantage.)

On peut également trouver d'autres gras de la famille des oméga-3 dans des végétaux comme les graines de lin, les noix de Grenoble, l'huile de lin et de canola ainsi que dans le soya. Les végétariens stricts qui ne mangent jamais de poisson doivent avoir recours à ces aliments pour faire le plein d'oméga-3, alors que les végétariens à temps partiel et les lacto-ovo-végétariens ont un choix plus vaste de gras oméga-3 à se mettre sous la dent.

■

Un apport de 3 à 4 grammes de gras oméga-3 par jour semble la quantité idéale pour assurer une bonne protection cardiovasculaire (voir le tableau qui suit).

■

19. Les aliments riches en oméga-3

portion de 100 g (3 1/2 oz)
valeurs données en grammes

sardines	3,3
maquereau	2,5
saumon chinook	1,5
thon	1,5
crevettes	0,5
crabe	0,4
homard	0,2

portion de 15 ml (1 c. à soupe), sauf indication contraire

huile de lin	7,5
graines de lin	1,9
huile de canola	1,5
huile de soya	0,9
œufs oméga-3*, deux	0,5
noix de Grenoble	0,4

*Œufs que l'on trouve au supermarché. Ils sont produits par des poules nourries aux graines de lin et sont riches en acides gras oméga-3.

Les aliments riches en fibres solubles et insolubles

Le végétarisme donne beaucoup de place aux végétaux — légumes, fruits, légumineuses, grains entiers, noix et graines — riches en fibres solubles et insolubles.

L'orge, l'avoine, le son d'avoine, le psyllium, les graines de lin, les légumineuses, les pommes, les oranges, les pamplemousses et l'artichaut renferment des **fibres solubles** qui jouent un rôle intéressant dans la prévention des maladies cardiovasculaires en abaissant le taux de cholestérol. Plus le cholestérol est élevé, plus ces fibres sont efficaces. On peut même dire que chez les personnes dont le taux de cholestérol est très élevé, chaque gramme de fibre soluble ajouté au menu quotidien permet de diminuer les LDL — le mauvais cholestérol — de 2,2 mg/dL.

Les grains entiers et les produits céréaliers de grains entiers sont quant à eux de bonnes sources de **fibres insolubles** et renferment aussi une foule de substances antioxydantes qui protègent l'homme comme la femme contre l'infarctus et autres problèmes cardiovasculaires. Les produits céréaliers raffinés, dépourvus de fibres et de substances antioxydantes, ne possèdent pas cet effet protecteur (voir Tableau 16, p. 85).

■

Lorsque vous mangez au moins 5 portions de fruits et légumes, des légumineuses ainsi que des produits céréaliers de grains entiers — pains, céréales, riz brun, orge, quinoa et pâtes intégrales —, il est facile d'atteindre l'objectif désirable d'au moins 25 grammes de fibres solubles et insolubles par jour.

■

Les noix

Vous avez sans doute déjà pensé, comme bien d'autres, que les noix étaient des aliments gras qu'il valait mieux éviter ou ne prendre qu'à l'occasion. Vous étiez sur une fausse piste, car le gras qui se cache dans les noix comme les amandes, les arachides, les pistaches et les pacanes est excellent pour le cœur, puisqu'il est principalement de type monoinsaturé. Les noix de Grenoble, quant à elles, renferment plus de gras oméga-3, un autre bon gras pour le cœur. Toutes les noix regorgent d'éléments intéressants pour la santé cardiovasculaire comme l'arginine, des fibres dont 25 % sont solubles, de la vitamine E, de l'acide folique, du cuivre et du magnésium.

Une consommation régulière de noix est associée à un risque moins élevé d'infarctus, chez les non-végétariens tout comme chez les végétariens. On a même observé dans une population de 86 000 infirmières que celles qui consommaient au moins 150 g (env. 5 oz) de noix par semaine risquaient moins d'avoir un problème cardiaque, comparativement à celles qui n'en mangeaient pas ou presque jamais — en fait, le risque diminuait de 35 %.

■

Les noix font partie d'une alimentation saine et sont tellement plus intéressantes à grignoter que des biscuits et des croustilles remplis de gras hydrogénés.

■

Lentilles et compagnie

Qui se serait douté qu'un manque de trois vitamines du complexe B, l'acide folique, la vitamine B6 et la vitamine B12, pouvait avoir un impact négatif sur les artères ? Il y a 10 ans, sûrement pas un très grand nombre de personnes, mais depuis, le phénomène est reconnu. On sait maintenant qu'une telle lacune peut entraîner un excès d'homocystéine dans le sang, ce qui endommage la paroi des vaisseaux sanguins et peut bloquer les artères. De fait, une augmentation de 5 micromoles d'homocystéine dans le sang équivaut à une augmentation de 20 mg de cholestérol et constitue un facteur de risque important. Or, pour maintenir le niveau d'homocystéine sous la barre des 11 micromoles/litre — donnée qui s'obtient par analyse sanguine — il suffit d'avoir une alimentation qui contienne une bonne quantité des trois vitamines du complexe B absolument essentielles au bon fonctionnement du système cardiovasculaire.

Les lentilles sont une excellente source d'acide folique, et les asperges, l'avocat, l'orange, les légumes verts feuillus en renferment aussi de bonnes quantités. Les bananes, les noix, les produits céréaliers de grains entiers renferment, quant à eux, de bonnes quantités de vitamine B6. Voilà des aliments qui appartiennent à une alimentation végétarienne, qu'elle soit à temps plein ou à temps partiel. Pour ce qui est de la vitamine B12, elle n'est présente que dans les aliments d'origine animale comme le lait, le yogourt, les œufs, le fromage. L'organisme peut donc facilement en trouver dans une approche végétarienne à temps partiel.

Le soya

Le tofu, les fèves soya rôties, les boissons de soya et les fèves soya cuites sont tous des aliments riches en protéines de soya, lesquelles peuvent réduire les risques cardiovasculaires.

En 1995, le *New England Journal of Medicine* passait en revue 38 recherches ayant utilisé les protéines de soya pour faire baisser le mauvais cholestérol. Les résultats ont surpris la communauté scientifique, car on y notait que le soya pouvait réduire le mauvais cholestérol et les triglycérides, mais qu'il ne nuisait pas au bon cholestérol. Plus les taux de cholestérol étaient élevés, plus les protéines de soya étaient efficaces. En octobre 1999, pour faire suite à cette évidence scientifique, le Food and Drug Administration (FDA) américain a permis d'apposer sur l'étiquette des produits contenant 6,25 grammes de protéines de soya par portion que l'équivalent de 25 grammes de protéines de soya par jour peut aider à réduire les risques de maladies cardiovasculaires.

Le soya et ses composants agissent non seulement sur le cholestérol, mais ils protègent aussi l'élasticité et la paroi des artères et limitent l'oxydation du mauvais cholestérol. Grâce à une bonne teneur en arginine — un acide aminé —, le soya favorise la production d'acide nitrique qui agit un peu comme la nitro… — médicament prescrit pour les cardiaques — et qui empêche l'adhérence des plaquettes aux parois des artères.

20. Les protéines de soya		
Aliment	Quantité	Protéines de soya (g)
Boisson de soya	250 ml (1 tasse)	10
Fèves soya rôties	60 ml (1/4 tasse)	20
Tempeh	125 ml (1/2 tasse)	19
Fèves soya cuites	125 ml (1/2 tasse)	16
Tofu *régulier*	115 g (4 oz)	13
Tofu *soyeux*	115 g (4 oz)	9
Burger au soya	1	10 à 12
Céréales à base de soya	30 g (2/3 tasse)	4 à 6

Les aliments riches en antioxydants

Les fruits frais, les légumes très verts, les grains entiers et le soya sont autant d'excellentes sources de différents antioxydants comme les caroténoïdes, la vitamine C, la vitamine E, le zinc et les flavonoïdes. Les antioxydants sont des substances capables de freiner la destruction de certains tissus vulnérables et de certaines matières grasses. De cette façon, ils offrent une protection cardiovasculaire.

Deux études prospectives menées auprès de 75 000 femmes pendant 14 ans et auprès de 38 000 hommes pendant 8 ans ont révélé que les grands mangeurs — plus de 5 portions par jour — d'agrumes, de légumes verts feuillus et de crucifères avaient moins de risque d'avoir un infarctus que les petits mangeurs de fruits et légumes — le risque diminuait de 30 %.

21. Les aliments riches en antioxydants		
Aliment	Quantité	Unités d'antioxydants
Pruneaux	125 ml (1/2 tasse)	5 770
Bleuets	180 ml (3/4 tasse)	2 400
Chou vert, frisé (kale)	375 ml (1 1/2 tasse)	1 770
Épinards	750 ml (3 tasses)	1 260
Choux de Bruxelles	250 ml (1 tasse)	980
Prune	1 1/2 fruit	949
Brocoli	250 ml (1 tasse)	890
Betterave	180 ml (3/4 tasse)	840
Orange	1 1/2 fruit	750
Raisins rouges	250 ml (1 tasse)	739
Pamplemousse rose	1/2 fruit	748
Poivron rouge	180 ml (3/4 tasse)	710

Une alimentation végétarienne à temps partiel offre une plus grande protection sur le plan cardiovasculaire, surtout si elle comporte du soya de façon régulière.

Le végétarisme et le diabète

Le diabète est un problème de distribution du glucose qui survient quand le pancréas ne produit plus ou pas assez d'insuline. Or, lorsque le glucose ne peut plus rejoindre toutes les cellules du corps, il s'accumule dans le sang et entraîne de nombreux problèmes à court et à long terme.

Cette maladie frappe actuellement un million et demi de Canadiens et Canadiennes et se traite d'abord par un régime alimentaire approprié, qu'il s'agisse d'un diabète de type I — nécessitant des injections d'insuline — ou de type II — n'ayant habituellement pas besoin d'injections d'insuline. Selon des chercheurs du Harvard Medical School, 80 % des diabétiques de type II ont un surplus de poids et accumulent des réserves de gras sous la ceinture ; ces personnes ont 3 à 4 fois plus de risques d'avoir un problème cardiovasculaire que la population en général, surtout lorsqu'elles ont un taux de cholestérol trop élevé. De fait, les diabétiques de type II ont très souvent des triglycérides élevés et un bon cholestérol — les HDL — trop bas. Ce qui signifie qu'une personne souffrant du diabète n'a plus le choix… elle doit modifier son alimentation de façon à perdre du poids, à atteindre un taux de cholestérol normal et à favoriser un bon contrôle de sa glycémie.

À l'échelle mondiale, l'incidence la moins élevée de diabète se retrouve parmi les populations qui ont une alimentation quasi végétarienne. Chez les adventistes du septième jour, l'un des plus grands groupes de végétariens du monde, une étude prospective a révélé que les végétariens de 50 à 69 ans avaient 76 % moins de risques de devenir diabétique que les non-végétariens. Une alimentation plus riche en végétaux contribue à prévenir ou à ralentir le développement des complications du diabète comme les maladies cardiovasculaires, les problèmes rénaux, neurologiques et visuels.

La part des aliments riches en glucides

Vous avez peut-être l'impression que tous les glucides ou hydrates de carbone sont à éviter lorsque vous êtes diabétique. Vous avez tort, puisque plus de la moitié des calories d'un bon régime pour diabétique doit provenir des glucides, selon les recommandations officielles émises par les associations — l'Association diabète Québec et l'Association canadienne du diabète, entre autres. Mais entendons-nous, il ne s'agit pas de se gaver de sucre ni d'avaler n'importe quel aliment riche en glucides. Il s'agit plutôt de conserver au menu les glucides riches en fibres comme les légumineuses, les produits céréaliers de grains entiers, les pâtes de grains entiers, les fruits et les légumes, car ces aliments favorisent une meilleure circulation du sang et du glucose. Parmi les glucides que vous devez éviter ou limiter, on trouve les aliments raffinés — le pain blanc et le riz blanc —, les sucreries et les desserts.

Si vous êtes diabétique et que vous faites une place de choix aux aliments riches en glucides et en fibres, vous pouvez demeurer végétarien sans aucune hésitation. Vous devez toutefois bien distribuer ces glucides tout au long de la journée pour que votre glycémie demeure dans les normes.

Toutefois, si vous avez un surpoids important, des triglycérides élevés et des HDL bas — le bon cholestérol —, vous êtes sans doute résistant à l'insuline et plus vulnérable aux problèmes cardiovasculaires. Dans ce cas-là, vous pouvez maintenir une certaine consommation d'aliments riches en glucides et en fibres, mais vous devez faire attention aux aliments riches en gras saturés comme les viandes, les charcuteries, les fromages et les crèmes. Vous devez faire plus de place aux gras monoinsaturés contenus dans les noix, l'huile d'olive et l'avocat, ainsi qu'aux gras oméga-3 contenus dans les poissons et les graines de lin, ce qui est tout à fait compatible avec un végétarisme à temps partiel. Ne négligez surtout pas l'activité physique régulière, car elle contribue à diminuer la résistance à l'insuline.

La contribution de l'index glycémique

Nous ne pouvons passer sous silence la question de l'index glycémique qui est une façon de classifier les aliments riches en glucides, mais qui a fait beaucoup de bruit lors du passage de Montignac. L'index glycémique correspond à la vitesse de réaction du sucre dans le sang à la suite de la consommation d'un aliment donné. Si un aliment provoque une hausse rapide du glucose sanguin, il a un index glycémique élevé et entraîne une sécrétion d'insuline plus rapide. Si, au contraire, l'aliment ne provoque qu'une hausse plutôt lente, il a un index glycémique bas et l'insuline est requise moins rapidement. Le grand chercheur dans ce domaine est le professeur David Jenkins de l'Université de Toronto. Il a vérifié l'impact des aliments qui ont un index glycémique bas chez des diabétiques et a noté que ces aliments favorisent un meilleur contrôle de la glycémie, une moins grande résistance à l'insuline et des taux moins élevés de triglycérides. Or, parmi les aliments qui ont un index glycémique bas, on trouve les légumineuses, les noix, la plupart des légumes et certains grains entiers, soit les aliments de base d'une bonne alimentation végétarienne.

L'index glycémique a toutefois des limites d'utilisation, car l'index d'un repas ne coïncide pas nécessairement avec la somme des index de tous les aliments présents dans ce repas. Pour ajouter à la difficulté, si l'on consulte différents tableaux d'index glycémiques, on ne trouve pas les mêmes valeurs. Les carottes cuites de Montignac ont un index de 85, alors que celles de Brand Miller, un chercheur réputé d'Australie, ont un index de 49... C'est la raison pour laquelle nous n'avons pas fourni de tableau sur cette question.

Les aliments riches en fibres solubles et insolubles

Une alimentation végétarienne est habituellement riche en fibres solubles et insolubles, soit deux types de fibres qui travaillent différemment dans l'organisme et qui sont fort utiles dans les cas de diabète (voir Tableau 22, p. 207).

Les fibres **solubles** ralentissent la vitesse d'absorption du glucose dans l'intestin et améliorent le contrôle de la glycémie. Elles ont même le pouvoir d'abaisser le taux de cholestérol. Pour rehausser votre ration de fibres solubles, incorporez une portion de légumineuses à votre menu quotidien, remplacez les céréales de blé par des céréales de son d'avoine, remplacez le riz brun par de l'orge mondé, augmentez votre consommation de petits fruits, et le tour est joué.

De leur côté, les fibres **insolubles** augmentent la vitesse du transit intestinal et le volume des selles, ce qui a pour effet de réduire l'interaction des bactéries fécales nuisibles avec la muqueuse de l'intestin et d'offrir une meilleure régularité intestinale.

L'Association américaine du diabète recommande une consommation d'environ 40 grammes de fibres solubles et insolubles par jour, ce qui est compatible avec une alimentation végétarienne, puisque les fibres ne se retrouvent que dans les végétaux, et que plus il y a de végétaux au menu, plus il y a de fibres.

Les aliments riches en fibres, comparativement aux aliments raffinés, possèdent d'autres atouts dont une plus grande quantité de magnésium et de chrome, deux minéraux favorisant l'action de l'insuline. Ces aliments augmentent également l'effet de satiété et sont habituellement pauvres en gras, deux attributs qui contribuent au maintien d'un poids santé ou à une perte graduelle de poids.

---

22. Les principales sources de fibres solubles et insolubles

Fibres solubles	Fibres insolubles
Son d'avoine et son de maïs	Son de blé
Flocons d'avoine	Céréales de son de blé
Légumineuses	Grains entiers
Orge et seigle	Noix
Pommes, prunes et petits fruits	Graines de tournesol
Graines de lin	Graines de lin
Légumes	Fruits et légumes

Le rôle des différents gras

Les gras n'ont pas tous les mêmes pouvoirs et, quand survient un problème de diabète, le choix des bons gras devient fort pertinent.

Plusieurs études ont montré qu'une alimentation plutôt riche en gras monoinsaturés favorise une baisse des triglycérides et un meilleur contrôle du glucose sanguin, tout en réduisant la résistance à l'insuline. Les huiles d'olive, de canola et de noisette, les olives, l'avocat, les amandes, les pistaches, les noisettes et les arachides sont de bonnes sources de gras monoinsaturés qui peuvent aussi aider à faire baisser le taux de mauvais cholestérol sanguin sans affecter le bon — les HDL. En grignotant des amandes plutôt que des biscuits, en arrosant vos salades de vinaigrettes à l'huile d'olive, vous améliorez votre apport de ce type de gras.

Les gras de type oméga-3 présents dans les poissons gras, les graines de lin et le soya font baisser les triglycérides en plus d'avoir des effets anticoagulants et anti-inflammatoires. Dans une approche végétarienne à temps partiel, quelques repas de poisson par semaine augmentent la protection cardiovasculaire.

Les gras qu'il faut limiter sont les gras saturés présents dans les viandes et les fromages ainsi que les gras trans cachés dans les produits de boulangerie, les fritures et tout ce qui contient du gras hydrogéné.

La règle des trois vrais repas par jour

Lorsqu'on est diabétique, il est encore plus important qu'en temps normal d'adopter un horaire régulier, la règle des trois « vrais repas » par jour et la prise de collations, si nécessaire. Ces vrais repas doivent compter une quantité adéquate de protéines et de fibres alimentaires, soit les deux principaux stabilisateurs de la glycémie. S'ils sont végétariens, ces repas tournent autour d'un plat de légumineuses ou de soya accompagné de légumes, de grains entiers et de fruits. S'ils renferment du poisson, ils ajoutent une dose de gras de type oméga-3. Ces vrais repas sont indispensables à un bon contrôle de la glycémie.

23. Quelques vrais repas pour diabétiques

Salade d'épinards et vinaigrette à l'huile d'olive
Ragoût de pois chiches
Orge mondé
Mangue et yogourt

Salade de carottes râpées
Sauté de tofu sur légumes verts
Pain de son d'avoine
Kiwi ou quartier de cantaloup

Crudités et trempette au yogourt
Salade de lentilles au chèvre
Pita de blé entier
Compote de pommes ou de poires

Jus de tomate
Salade de crevettes sur une moitié d'avocat
Pain de seigle foncé
Clémentines ou orange en quartiers

Ces vrais repas renferment à la fois des protéines et des glucides qui font bon ménage, contrairement aux discours de plusieurs prétendus experts. Des chercheurs ont même démontré qu'une telle combinaison de protéines et de glucides au même repas favorise des taux de glycémie plus acceptables.

L'exercice

Que vous soyez végétarien ou omnivore, l'activité physique régulière aide vraiment à contrôler le diabète. Si vous avez un diabète de type II, l'exercice régulier permet à toutes vos cellules de mieux utiliser l'insuline que vous produisez. De plus, l'exercice aide à stimuler votre métabolisme et à brûler plus efficacement les calories.

Si vous recevez des injections d'insuline, l'exercice aide également. Vous devez toutefois apporter quelques ajustements à votre consommation d'aliments avant, pendant et/ou après l'exercice afin de prévenir les épisodes d'hypoglycémie.

■

Le végétarisme à temps partiel est une manière heureuse de faire la transition d'une alimentation omnivore à une alimentation plus riche en végétaux, sans nuire à la glycémie. Si vous venez d'apprendre que vous êtes diabétique ou si vous êtes enceinte et diabétique, les diététistes professionnels sont là pour vous aider à ajuster votre alimentation végétarienne à vos besoins.

■

Le végétarisme et le cancer

Le cancer fait moins de ravages qu'il y a quelques années à cause du dépistage précoce et des traitements plus efficaces, souligne la Société canadienne du cancer en avril 2001. Cette maladie demeure toutefois la première cause de mortalité chez les femmes de moins de 74 ans. Certaines mesures de prévention existent, mais sont-elles suffisamment reconnues ?

Le World Cancer Research Fund (WCRF) et l'American Institute for Cancer Research (AICR) publiaient en 1997 un important et volumineux rapport : *L'alimentation, la nutrition et la prévention du cancer ; une perspective globale.* Ce rapport tenait compte de plus de 4500 études qui étaient passées au peigne fin par des experts du monde entier. On y apprenait que des lacto-ovo-végétariens comme les adventistes du septième jour vivant dans différents pays mouraient moins souvent de cancer que la population en général. La différence peut aller jusqu'à 70 %. (Précisons que les adventistes du septième jour ne fument pas et ne consomment ni alcool ni caféine.) Dans une population de 2000 Allemands végétariens suivie pendant près de 11 ans, les taux de mortalité reliés au cancer étaient 48 % plus bas chez les hommes et 74 % plus bas chez les femmes que ceux de la population en général. Des différences semblables sont également rapportées chez d'autres groupes végétariens d'Angleterre et des États-Unis, ce qui porte à croire que le végétarisme offre une certaine protection anticancéreuse. Les bénéfices observés chez les végétariens le sont aussi chez les groupes de semi-végétariens.

Ces experts jugent la preuve convaincante à l'effet que les fruits et les légumes protègent contre les cancers de la bouche et du pharynx, de l'œsophage, des poumons, de l'estomac, du côlon et du rectum. Dans les cas de cancers du larynx, du pancréas, du sein et de la vessie, ils jugent la preuve probable, et possible dans tous les autres cancers.

Ils concluent ce rapport en proposant une liste de recommandations sur des habitudes alimentaires à adopter pour réduire les risques de cancer, trois sont consacrées aux végétaux :

- privilégier une alimentation à base de végétaux, riche en légumes, en fruits, en légumineuses et en amidons le moins transformés possible ;
- manger de 5 à 10 portions de fruits et légumes par jour et cela, pendant toute l'année ;
- manger plus de 7 portions par jour d'une variété de grains entiers, légumineuses, légumes tubéreux et à racine.

Est-il nécessaire d'ajouter que dès 1933, certains chercheurs suggéraient qu'une alimentation riche en fruits et en légumes pouvait contribuer à réduire les risques de cancer ?

Les nouveaux atouts des aliments d'origine végétale

Lorsque nous avons fait nos études en diététique, il y a de cela quelques dizaines d'années, nous apprenions que les végétaux renfermaient des vitamines, des minéraux et de la cellulose. Les données de la science s'arrêtaient là ou presque… Depuis ce temps, les recherches ont fourni une tonne d'informations nouvelles et excitantes sur le contenu et les effets d'une consommation régulière de fruits, de légumes, de produits céréaliers, de noix et de légumineuses.

C'est ainsi que les vitamines C, E et le bêta-carotène ont acquis le statut d'antioxydants. À la famille des minéraux reconnus comme le fer et le calcium s'ajoutent maintenant des oligoéléments comme le sélénium, le zinc, le manganèse, le cuivre, le chrome et le boron, tous présents dans les végétaux. La cellulose, qui passait presque inaperçue dans nos livres de nutrition, a cédé sa place à toute la famille des fibres alimentaires qui se divisent en fibres solubles et insolubles, ayant chacune des actions différentes.

On a récemment entendu parler des amidons résistants. Ces éléments ne sont pas assimilés par l'organisme, mais ils laissent des traces lors de leur passage dans le tube digestif. Ils fermentent dans le côlon et favorisent la production de substances qui changent la composition de la flore intestinale et qui modifient l'action des cancérigènes présents dans l'intestin. Les grains entiers, les légumineuses, les légumes tubéreux et à racine ainsi que certains fruits sont à la fois riches en fibres et en amidons résistants.

S'ajoutent à ce palmarès des substances dites bioactives qui semblent jouer un rôle protecteur contre le cancer. Il y en a des dizaines, mais parmi celles-ci se trouvent les flavonoïdes, les lignanes, le lycopène et les isoflavones. Ces substances ont, pour la plupart, des pouvoirs antioxydants qui bloquent ou suppriment la croissance des cellules cancéreuses dans différents tissus de l'organisme.

Les flavonoïdes

Les flavonoïdes sont de puissants antioxydants qui neutralisent l'action des radicaux libres, ces molécules naturellement présentes dans le corps humain, mais potentiellement dangereuses. Contenus dans une foule de fruits et légumes, les flavonoïdes protègent à leur façon la programmation de la cellule, ainsi que les protéines et les gras contre les dommages de l'oxydation; ils inactivent les substances procancérigènes et gênent le développement de tumeurs malignes.

Une consommation de 5 à 10 portions de fruits et de légumes frais par jour assure un bon apport en flavonoïdes.

Les lignanes

Les lignanes sont des substances très semblables aux œstrogènes secrétés par les ovaires ; elles proviennent des plantes et font partie des phytoestrogènes. Elles sont absorbées et activées grâce à l'action de la flore intestinale. Leur mécanisme d'action n'est pas totalement connu, mais leur pouvoir anticancérigène semble être associé à leur capacité à bloquer ou à limiter la circulation des autres œstrogènes. Les lignanes réduisent ainsi les risques de certains cancers, dont celui du sein et celui de la prostate.

L'avoine, le seigle et l'orge mondé renferment des lignanes, mais ce sont les graines de lin qui en contiennent le plus.

Le professeur Lilian Thompson — reconnue sur le plan international dans le domaine —, de l'Université de Toronto, a mené une étude auprès de femmes ayant déjà un cancer du sein et a démontré qu'une dose quotidienne de 25 grammes (40 ml) de graines de lin intégrée à l'alimentation avant la chirurgie pouvait réduire de façon significative le taux de croissance des tumeurs.

Les études se poursuivent, mais en attendant les réponses définitives, une dose de 10 à 15 grammes (15 à 20 ml) de graines de lin moulues par jour semble apporter une bonne protection.

Le lycopène

Le lycopène fait partie de la famille des caroténoïdes, tout comme le bêta-carotène. On le trouve particulièrement dans les fruits rouges comme la tomate rouge, crue ou cuite, et dans certains autres fruits comme la papaye, le pamplemousse rose, le melon d'eau et la goyave rose.

Parmi tous les caroténoïdes, c'est le lycopène qui a la plus grande capacité antioxydante. Les grands consommateurs de tomate ont plus de lycopène dans le sang et une moins grande incidence de cancer, surtout de la prostate, de l'estomac et des poumons. Les recherches ont principalement porté sur le cancer de la prostate, puisque c'est celui qui affecte le plus d'hommes en Amérique du Nord.

Dans la fameuse étude HPFS (Health Professionals Follow-up Study) menée auprès de 44 000 hommes, les risques de cancer de la prostate étaient inférieurs de 21 % chez les grands consommateurs de tomate. On a même noté une diminution pouvant aller jusqu'à 60 % chez ceux qui avaient les taux les plus élevés de lycopène dans le sang.

Une consommation de plus de 6,4 mg de lycopène par jour semble suffire pour diminuer le risque de cancer de la prostate.

24. Les aliments riches en lycopène

Aliment	Portion	Lycopène (mg)
Tomates fraîches	1 fruit moyen	1 à 6
Sauce à pizza	63 g (1/4 tasse)	8
Tomates cuites	126 g (1/2 tasse)	5
Sauce tomate	61 g (1/2 tasse)	4
Concentré de tomate	33 g (2 c. à soupe)	2 à 5
Jus de tomate	250 ml (8 oz)	12 à 28
Papaye	1 fruit moyen	6 à 16
Goyave rose	1 fruit moyen	5
Pamplemousse rose	1/2 fruit	4
Pastèque (melon d'eau)	160 g (1 tasse)	4 à 12

Les isoflavones (le soya)

Les isoflavones sont des substances cachées dans le soya qui ressemblent aux œstrogènes produits par les ovaires, mais qui ont une activité œstrogénique de 100 à 1000 fois inférieure à ceux-ci (voir Tableau 11, p. 65).

Les Japonaises, lors de la ménopause, ne semblaient pas vivre les mêmes malaises que les Occidentales. Il y a quelques années, à la suite de l'observation de ce phénomène, les chercheurs ont commencé à s'intéresser aux isoflavones. La protection contre le cancer du sein avait aussi attiré leur attention. Quand on entend dire que le soya peut causer le cancer du sein, il s'agit de fausses rumeurs, car aucune étude n'a démontré à ce jour que le soya pouvait augmenter les risques de cancer, bien au contraire. Au moins 10 études épidémiologiques effectuées au cours des 10 dernières années ont noté une incidence moins grande de cancer du sein en Asie qu'en Amérique et ont relié la consommation plus grande de soya à ce risque moins élevé. Il n'en fallait pas beaucoup plus pour susciter une multitude de recherches, dans les labos et chez des groupes de femmes.

En laboratoire, les études in vitro ont montré que les isoflavones contenues dans le soya bloquaient le développement des cellules cancéreuses du sein ou de la prostate, qu'elles dépendent ou non des hormones. On a aussi noté que les isoflavones prévenaient l'activité métastatique des cellules cancéreuses du sein et de la prostate.

Les études effectuées jusqu'à ce jour auprès de groupes de femmes apportent des explications complémentaires à celles qui ont été obtenues en laboratoire et fournissent des indications intéressantes sur l'effet protecteur du soya. Des chercheurs de l'Université du Minnesota ont voulu déterminer le mécanisme d'action du soya chez des femmes postménopausées. Pendant 3 périodes de 3 mois, ils leur ont donné 3 doses différentes de protéines de soya. Ils ont ensuite mesuré l'effet du soya sur les hormones produites par l'organisme. Les auteurs ont conclu que la consommation de soya diminue la proportion des hormones jugées nuisibles en les désactivant, ce qui expliquerait une partie de l'action anticancérigène du soya.

En Australie, des femmes postménopausées chez qui l'on avait diagnostiqué un cancer du sein ont été comparées à des femmes en santé. Les chercheurs ont constaté que les femmes atteintes de cancer excrétaient moins d'isoflavones de soya dans leurs urines que les femmes en santé. Comme l'excrétion urinaire d'isoflavones est un bon indicateur de la consommation régulière de soya, et qu'il n'y avait aucune différence significative parmi les autres indicateurs mesurés — le gras, les glucides, les fibres, les œstrogènes et autres hormones —, les résultats de l'étude tendent à confirmer l'effet protecteur des isoflavones du soya.

Les travaux effectués par l'équipe du Dr Lamartinière de l'Université d'Alabama sur des animaux de laboratoire suggèrent que la consommation de soya avant la puberté pourrait s'avérer une protection accrue contre le développement du cancer du sein plus tard dans la vie. Plus le sujet est jeune quand il commence à manger du soya, meilleure serait la protection.

Une dernière étude, publiée au printemps 2001, tend à démontrer que le soya est loin d'être contre-indiqué chez les femmes qui ont un cancer du sein et qui prennent du tamoxifène — médicament anticancéreux. Les animaux sur lesquels on a fait l'étude — qui recevaient à la fois le soya et le médicament — ont eu une réduction du nombre de tumeurs de 62 %, comparativement à 29 % lorsque le médicament était pris seul.

Fait important à souligner, les recherches qui démontrent un effet protecteur du soya chez des femmes avant ou après la ménopause ont été effectuées en utilisant du soya sous forme d'aliment : protéines de soya, tofu ou boisson de soya. Les suppléments d'isoflavones vendus en comprimés ou en gélules n'ont pas fait l'objet d'études comparables.

Le dossier n'est pas clos, mais les indices positifs s'accumulent. Un apport de 50 mg d'isoflavones par jour peut avoir des effets intéressants pour tout le monde, hommes et femmes.

Les isoflavones et les autres cancers

Les femmes qui consomment une très grande quantité d'aliments riches en isoflavones diminuent leur risque de cancer de l'endomètre de 54 %, semble-t-il, selon une étude publiée dans l'*American Journal of Epidemiology*.

La consommation de soya protège aussi les hommes. En effet, les Asiatiques ont des taux de mortalité reliés au cancer de la prostate beaucoup plus faibles qu'aux États-Unis. Les isoflavones empêcheraient la croissance des cellules cancéreuses de la prostate quelles qu'elles soient, dépendantes des hormones ou pas. Selon des chercheurs de l'Université d'Alabama à Birmingham, des lacto-ovo-végétariens qui prennent deux verres de boisson de soya par jour semblent réduire de 70 % leurs risques de cancer de la prostate.

D'autres substances présentes dans le soya peuvent aider à diminuer les risques de cancer — acides phénoliques, acide phytique, saponines, gras oméga-3 —, mais pour l'instant, ce sont les isoflavones qui ont attiré l'attention d'une majorité de chercheurs.

■

« Ce n'est pas la présence de la viande au menu qui entraîne les problèmes, mais la consommation insuffisante de légumes, de fruits et autres végétaux », déclarait Charles Elson, chercheur de l'Université du Wisconsin-Madison spécialisé dans l'étude des substances bioactives à qui l'on demandait s'il était nécessaire d'être végétarien strict pour prévenir le cancer.

■

Le végétarisme et l'hypertension

Un Canadien sur 5 souffre d'hypertension, et cette proportion augmente à une personne sur 2 après l'âge de 65 ans. L'hypertension ne fait pas souffrir, mais peut mener silencieusement à un accident cérébrovasculaire ainsi qu'à des problèmes au niveau des reins. La façon classique de régler la question a toujours été de couper le sel, mais cette méthode n'a jamais donné de résultats flamboyants. D'autres avenues ont été explorées comme la perte de poids, l'augmentation de l'activité physique, une consommation réduite d'alcool et l'arrêt du tabagisme. Ces approches favorisent sans aucun doute un meilleur état de santé, tout en réduisant les risques de maladie cardiovasculaire, mais elles ne réussissent pas à faire baisser significativement la tension artérielle lorsqu'elles sont adoptées séparément.

L'étude Dietary Approaches to Stop Hypertension (DASH) apporte donc de bonnes nouvelles aux personnes hypertendues et à toutes celles qui ne veulent pas le devenir, car elle met l'emphase sur de bons aliments et donne de bons résultats. Cette étude a été menée en 1997 auprès de 459 adultes ayant une tension artérielle de 160 sur 80 à 95. Après seulement 2 semaines, les personnes hypertendues soumises à un régime alimentaire amélioré ont connu une baisse de pression comparable à ce qu'une médication légère aurait donnée, soit une réduction de 11,4 mmHg de pression systolique et une réduction de 5,5 mmHg de pression diastolique.

Si le végétarisme vous intéresse et que votre pression artérielle est plutôt à la hausse, vous serez ravi d'apprendre les détails de cette étude. La prescription diététique consiste à prendre chaque jour au moins 8 à 10 portions de fruits et légumes, 2 à 3 portions de produits laitiers maigres et pas plus de 3000 mg de sodium — sel. Le menu doit également contenir des grains entiers tous les jours, peu de gras saturés, mais sans exclure les viandes maigres à l'occasion, du poisson, des noix et graines non salées et une quantité limitée d'alcool. Du côté de l'exercice et du style de vie, la prescription est de marcher rapidement de 30 à 45 minutes 5 jours par semaine, de ne pas fumer et de perdre de 4 à 5 kg (env. 10 lb), si nécessaire. Cette approche regroupe la majorité des éléments déjà étudiés séparément et elle obtient plus de succès.

L'aspect tout à fait novateur de l'étude DASH demeure l'addition, au menu régulier, d'aliments riches en potassium, en magnésium et en calcium, soit les 8 à 10 portions de fruits et légumes ainsi que les 2 à 3 portions de produits laitiers maigres. L'abondance de minéraux contenus dans ces aliments semble exercer une action favorable sur la pression artérielle, surtout lorsqu'elle s'ajoute aux autres bonnes règles de vie.

Ce qui revient à dire qu'une alimentation riche en fibres, en potassium, en magnésium et en calcium et pauvre en gras saturés et en gras en général, combinée à de bonnes habitudes de vie favorise une baisse de tension artérielle chez les hypertendus et une tension normale chez les autres.

25. Menu d'une journée selon l'approche DASH	
Matin	orange, gruau, lait écrémé et banane
Midi	saumon grillé, bette à carde, courge poivrée, riz brun et cantaloup en cubes
Collation	lait écrémé
Soir	salade de lentilles, noix de soya rôtie, laitue romaine, poivron, pain de blé, yogourt nature et coulis de fraises

Ce menu riche en couleurs fournit 6000 mg de potassium, 765 mg de magnésium et 1300 mg de calcium grâce aux 4 portions de fruits et aux 5 portions de légumes et grâce aux 3 portions de produits laitiers maigres.

Les lentilles à elles seules fournissent plus de 700 mg de potassium, et les bettes à carde presque 1000 mg de potassium. Le magnésium se trouve en grande quantité dans les bettes à carde, le reste provenant des lentilles et des grains entiers. Le calcium provient en majeure partie des produits laitiers et des bettes à carde.

■

Ce type de menu favorise une tension artérielle normale ainsi qu'une bonne santé en général.

■

Liste des tableaux et des encadrés

Les tableaux

Les encadrés

Quelques bonnes références culinaires

Boyte, F. *Le tofu international,* Éditions Stanké, 2001
> Grâce à la collaboration de quatre chefs québécois, ce livre met en vedette des plats des quatre coins du monde, sages et gourmands, préparés avec différents types de tofu.

Cooking Light, P.O. Box 1748, Birmingham, Alabama, U.S.
> Nous sommes toutes les deux abonnées à cette revue qui nous ravit chaque mois. L'équipe de rédaction ainsi que plusieurs conseillers sont diététistes-nutritionnistes et médecins, ce qui ajoute de la crédibilité à la revue. Cette publication allie information nutritionnelle actuelle sous forme de clins d'œil et recettes simples, savoureuses et santé.

Fonds de recherche de l'Institut de cardiologie de Montréal, *Une assiette gourmande pour un cœur en santé,* FRICM, 1999
> Presque 260 recettes élaborées par six chefs d'ici qui ont mis leur talent au service de la santé et autant de belles images pour mettre les plats en valeur. Des recettes à la portée de tous dans un ouvrage au format pratique, et qui, de plus, est abordable.

Gardon, A. *La cuisine, naturellement,* Les Éditions de l'Homme, 1995
> Un très beau livre de recettes mettant en vedette des légumes, des grains entiers, du tofu, tout cela agrémenté d'une touche gastronomique. Les photos reflètent le goût artistique de l'auteur et sa passion pour les bons aliments.

Jenkins, N. H. *The Mediterranean Diet Cookbook,* Bantam, 1994
> Un voyage épicurien autour de la Méditerranée où l'on découvre les saveurs de la France, de l'Italie, de la Grèce, de la Tunisie, du Liban, de l'Espagne, de l'île de Chypre, de la Turquie, du Maroc et d'autres endroits encore. Ce livre, dans l'esprit de la fameuse diète méditerranéenne, donne une foule de renseignements culturels et nutritionnels. C'est presque un livre de chevet !

Madison, D. **This Can't be Tofu!** Broadway Books, New York, 2000
    Cent vingt-cinq pages d'idées simples et moins simples, mais toujours très goûteuses pour apprêter le tofu. L'auteur maîtrise l'utilisation des épices et des herbes dans sa cuisine. À découvrir !

Madison, D. **Vegetarian Cooking for Everyone,** Broadway Books, New York, 1997
    Deborah Madison a reçu le prix The Julia Child Cookbook Award pour ce livre : 725 pages de saveurs, 1400 recettes de légumes, fruits, grains entiers et légumineuses. Si vous aimez l'aventure, cet ouvrage vous permet d'explorer des saveurs qui célèbrent les végétaux. « Quelle que soit la recette que j'essaie, je sais qu'elle sera savoureuse et qu'elle fera plaisir à mon palais et à ma santé ! » (LD)

Sass, L. **The New Soy Cookbook,** Chronicle Books, San Francisco, 1998
    Si vous désirez découvrir le tempeh et le tofu, Lorna Sass innove. Environ 120 pages de recettes, de belles photos et des suggestions pertinentes.

Shurleff, W. et A. Aoyagi. **The Book of Tofu,** Ten Speed Press, Berkeley, California, 1983.
    Pour tout connaître sur le tofu, c'est le livre qu'il vous faut. On y apprend comment fabriquer toutes les variétés de tofu. C'est une mine de renseignements et on y trouve une gamme de recettes incroyables. Si vous développez la passion du tofu, c'est le livre à posséder !

Tremblay, Y. et F. Boyte. **La magie du tofu,** Éditions Stanké, 1982
    C'est le premier livre de recettes de tofu paru au Québec. Un classique sur l'abc du tofu, qui fournit environ 80 recettes, des tartines aux soupes, aux salades et aux vinaigrettes, sans oublier les plats de résistance et les desserts.

Tremblay, Y. **Le tofu soyeux,** Éditions du Trécarré, 2001
    Le chef Yvon Tremblay présente une centaine de recettes utilisant le tofu soyeux.

Quelques bonnes références sur le végétarisme

Davis, B. et V. Melina. ***Becoming Vegan,*** Book Publishing Company, 2000
   La référence essentielle pour tous ceux qui veulent devenir végétarien strict ou végétalien. Écrit par deux diététistes végétaliennes réputées internationalement pour leurs connaissances en nutrition et leur rigueur scientifique, ce livre informe et motive à mieux manger sans avoir recours aux aliments d'origine animale.
Melina, V., B. Davis et V. Harrison. ***Devenir végétarien,*** Les Éditions de l'Homme, 1996
   À la lumière des plus récentes recherches en nutrition, ce livre de 275 pages fournit toutes les réponses concernant les différents types de végétarisme. Il aborde les questions de santé et de prévention et donne même des trucs pour manger au restaurant ou chez des amis.

Bibliographie

Adlercreutz, H. Western diet and western diseases: some hormonal and bio-chemical mechanisms and associations. *Scandinavian Journal of Clinical Laboratory Investigation*, 1990; 50: 3-23.

American Diabetes Association. Position Statement: Nutrition recommen-dations and principles for people with diabetes mellitus. *Diabetes Care*, 1999; 22 (suppl. 1): S42-S45.

American Dietetic Association Position Statement. Phytochemicals and functional foods. *Journal of the American Dietetic Association*, 1995; 95: 493-496.

American Dietetic Association Position Statement. Vegetarian diets. *Journal of the American Dietetic Association*, 1997; 97: 1317-1321.

Anderson, J. W. et coll. Meta analysis of the effects of soy protein intake on serum lipids. *The New England Journal of Medicine*, 1995; 333: 276-282.

Appel, L. J. et coll. Effect of dietary patterns on serum homocysteine. Results of a randomized, controlled feeding study. *Circulation*, 2000; 102: 852-857.

Bagchi, D. Bioflavonoids and polyphenols in human health and disease pre-vention. *Nutrition & the M.D.*, 1999; 25: no 5.

Barnard, N. et coll. Effectiveness of a low-fat vegetarian diet in altering serum lipids in healthy premenopausal women. *American Journal of Cardiology*, 2000; 85: 969-972.

Barnes, S. Role of soy in cancer prevention and treatment. Sur Internet: <www.soyohio.org/health/diet/cancer.htm>. September 2000.

Bradley, S. et R. Shinton. Why is there an association between eating fruit and vegetables and a lower risk of stroke? *Journal of Human Nutrition and Dietetics*, 1998; 11: 363-372.

Brand-Miller, J. C. The importance of the glycemic index in diabetes. *American Journal of Clinical Nutrition*, 1994; 59 (suppl.): 747s-752s.

Chandalia, M. et coll. Beneficial effects of high dietary fiber intake in patients with type 2 diabetes mellitus. *The New England Journal of Medicine*, 2000; 342: 1392-1398.

Chester, E. A. Soy for cardiovascular indications. *American Journal of Health System Pharmacology*, 2001 ; 58 : 660-663.

Conlin, P. R. et coll. The DASH trial. *American Journal of Hypertension*, 2000 ; 13 : 949-955.

Constantinou, A. J. et coll. Consumption of soy products may enhance the breast cancer preventive effect of Tamoxifen. *Proceedings of American Association for Cancer Research*, 2001 ; 42.

Crouse, J. R. et coll. A randomized trial comparing the effect of casein with that of soy protein containing varying amounts of isoflavones on plasma concentrations of lipids and lipoproteins. *Achives of Internal Medicine*, 1999 ; 159 : 2070-2076.

Frenz, M. J. et coll. Nutrition principles for the management of diabetes and related complications. *Diabetes Care*, 1994 ; 17 : no 5.

Gao, G. et coll. Increases in human plasma antioxidant capacity after consumption of controlled diets high in fruit and vegetable. *American Journal of Clinical Nutrition*, 1998 ; 68 : 1081-1087.

Greenwood, S. et coll. The role of isoflavones in menopausal health ; consensus opinion of the North American Menopause Society. *Menopause*, 2000 ; 7 : 215-229.

Heany, R. P. et coll. Bioavailability of the calcium in fortified soy imitation milk, with some observations on method. *American Journal of Clinical Nutrition*, 2000 ; 71 : 1166-1169.

Homocysteine and cardiovascular disease. *Nutrition & the M.D.*, 1999 ; 25 : no 11.

Horiuchi, T. et coll. Effect of soy protein on bone metabolism in postmenopausal Japanese women. *Osteoporosis International*, 2000 ; 11 : 721-724.

Hu, F. B. et coll. Frequent nut consumption and risk of coronary heart disease in women ; a prospective cohort study. *Journal of Nutrition*, 1999 ; 129 : 1135-1139.

Huot, I. La nutrition au cœur de la médecine préventive. *L'Actualité médicale*, 29 novembre 2000.

Iwamoto, M. et coll. Walnuts lower serum cholesterol in Japanese men and women. *Journal of Nutrition*, 2000 ; 130 : 171-176.

Jenkins, D. et coll. The effect on serum lipids and oxidized low-density lipoprotein of supplementing self-selected low-fat diets with soluble-fiber,
soy and vegetable protein foods, *Metabolism*, 2000; 49: 67-72.

Joshipura, K. et coll. Fruit and vegetable intake in relation to risk of ischemic stroke, *Journal of the American Medical Association*, 1999; 282:
1233-1239.

Kendall, C. et D. Jenkins. Les bienfaits du soya pour la santé. Encart dans la
Revue canadienne de la pratique et de la recherche en diététique, 2000; 61:
hiver.

Kipel, K. F. et K. C. Ornelas. *The Cambridge World History of Food*, Cambridge
University Press, 2000.

Krause, R. M. et coll. Dietary Guidelines. Revision 2000. A statement for
Healthcare professionals from the nutrition committee of the American Heart Association. *Circulation*, 2000; 102: 2284-2289.

Kris-Etherton, P. et coll. Lyon Diet Heart Study. Benefits of a Mediterranean-
style, national cholesterol education program/American Heart Association Step 1 dietary pattern on cardiovascular disease. *Circulation*,
2001; 103: 1823-1825.

Lamartinière, C. A. Protection against breast cancer with genistein: a com-
ponent of soy. *American Journal of Clinical Nutrition*, 2000; 71 (suppl.):
1705-1707.

Lascheras, C. et coll. Mediterranean diet beneficial for elderly subjects, *Nutrition Research Newsletter*, 2000; 19: 14-15.

Leaf, A. Dietary prevention of coronary heart disease. The Lyon Diet Heart
Study. *Circulation*, 1999; 99: 733-735.

Li, D. et coll. Effect of dietary *a*-linolenic acid and thrombotic risk factor
in vegetarian men. *American Journal of Clinical Nutrition*, 1999: 69:
872-882.

Liebman, B. Plants for supper? 10 reasons to eat more like a vegetarian. *Nutrition Action Newsletter*, 1996; 23: 10-12.

Lissin, L. W. et coll. Phytoestrogens and cardiovascular health. *Journal of the
American College of Cardiology*, 2000; 35: 1403-1410.

Liu, S. et coll. A prospective study of whole grain intake and risk of Type 2
diabetes mellitus in US women. *American Journal of Public Health*,
2000; 90: 1409-1415.

Liu, S. et coll. Fruit and vegetable intake and risk of cardiovascular disease; The women's health study. *American Journal of Clinical Nutrition*, 2000; 72: 922-928.

Liu, S. et coll. Whole grain consumption and risk of ischemic stroke in women. A prospective study. *Journal of the American Medical Association*, 2000; 284: 1534-1540.

Lorgeril, M. de et coll. Mediterranean diet, traditional risk factors, and the rate of cardiovascular complications after myocardial infarction. Final report of the Lyon Diet Heart Study. *Circulation*, 1999; 99: 779-785.

Loria, C. M. Serum folate and cardiovascular disease mortality among US men and women. *Journal of the American Medical Association*, 2000; 160: 3258-3262.

Lu, L. J. W. et coll. Screening and prevention of breast cancer. *Cancer Research*, 2000; 60: 4112-4121.

Lu, L. J. W. et coll. Soy consumption may reduce breast cancer risk. *American Association for Cancer Research, annual meeting presentation*, Philadelphia, April 12, 1999.

McDonald, B. Les trésors cachés de l'humble graine de lin. *Rapport*, Institut national de nutrition, 1998; 13: no 3.

McMichael Philipps, D. F. et coll. Effects of soy protein supplementation on epithelial proliferation in the histologically normal human breast. *American Journal of Clinical Nutrition*, 1998; 68 (suppl.): 1431s-1436s.

Meltze, S. et coll. Lignes directrices de pratique clinique 1998 pour le traitement du diabète au Canada. *Canadian Medical Association Journal*, 1998: 159 (suppl.): S1-S32.

Messina, M. J. Legumes and soybeans: an overview of their nutritional profiles and health effects. *American Journal of Clinical Nutrition*, 1999; 70 (suppl.): 439s-450s.

Messina, M. J. Soy, soy phytoestrogens (isoflavones) and breast cancer (lettre). *American Journal of Clinical Nutrition*, 1999; 70: 574-575.

Morgan, W. A. et coll. Pecans lower low density lipoprotein cholesterol in people with normal lipid levels. *Journal of the American Dietetic Association*, 2000; 100: 312-318.

Murkies, A. et coll. Phytoestrogens and breast cancer in postmenopausal women ; case control study. *Menopause*, 2000 ; 7 : 289-296.

Omenn, G. S. et coll. Preventing coronary heart disease. B vitamins and homocysteine. (éditorial) *Circulation*, 1998 ; 97 : 421-424.

Porrini, M. et coll. Absorption of lycopene from single or daily portions of raw and processed tomato. *British Journal of Nutrition*, 1998 ; 80 : 353-361.

Potter, S. et coll. Soy protein and isoflavones : Their effects on blood lipids and bone density in postmenopausal women. *American Journal of Clinical Nutrition*, 1998 ; 68 (suppl.) : 1375s-1379s.

Rendall, M. Dietary treatment of diabetes mellitus (editorial). *The New England Journal of Medicine*, 2000 ; 342 : 1440-1441.

Robertson, R. M. et L. Smaha. Can a Mediterranean-style diet reduce heart disease ? (éditorial) *Circulation*, 2001 ; 103 : 1821-1822.

Sabate, J. Nut consumption, vegetarian diets, ischemic heart disease risk and all-cause mortality ; evidence from epidemiologic studies. *American Journal of Clinical Nutrition*, 1999 ; 70 (suppl.) : 500s-503s.

Santé Canada, Direction de la protection de la Santé. Laboratoire de lutte contre la maladie. *Les maladies cardio-vasculaires et les accidents vasculaires cérébraux au Canada*, 1997.
Sur Internet : <www.hc.sc.gc.ca/hpb/lcdc/bcrdd/hdsc97/s06_f.html>.

Somekawa, Y. et coll. Soy intake increases bone mass in postmenopausal women. *Obstetrics and Gynecology*, 2001 ; 97 : 109-115.

Soy protein health claim gets FDA authorization. *Nutrition & the M.D.*, 1999 ; 25 : no 11.

Steinmetz, K. A. et J. D. Potter. Vegetables, fruit and cancer prevention : a review. *Journal of the American Dietetic Association*, 1996 ; 96 : 1027-1039.

Stephen, A. M. et M. Lal pour l'Institut national de nutrition. Les céréales dans l'alimentation des Canadiens, *Le Point I.N.N.*, 1999 ; 14 : no 2.

The Ontario Soybean Growers' marketing board. *Canadian Soyfoods Directory*, 1997.

The vegetarian dietetic practice group of The American Dietetic Association, Isoflavones. *Vegetarian Nutrition*, 1999.

Tikkanen, M. J. et coll. Effect of soybean phytoestrogen intake on low density lipoprotein oxidation resistance. *Proceedings of the National Academy of Science USA*, 1998 ; 95 : 3106-3110.

Vincent, A. et L. A. Fitzpatrick. Soy Isoflavones; are they useful in meno-pause ? *Mayo Clinic Proceedings*, 2000; 75: 1174-1184.

World Cancer Research Fund and American Institute for Cancer Research. *Food, Nutrition and the Prevention of Cancer: a Global Perspective*. American Institute for Cancer Research, Washington, 1997.

Xu, X. et coll. Soy consumption alters endogenous metabolism in postmeno-pausal women. *Cancer Epidemiological Biomarkers Prevention*, 2000; 9: 781-786.

Zava, D. T. et coll. Estrogenic and antiproliferative properties of genistein and other flavonoids in human breast cancer cells in vitro. *Nutrition Cancer*, 1997; 27: 31-40.

Index des recettes

Index général

Table des matières